R 20748

1774

Delisle de Sales, Jean-Baptiste Claude Izouard (ou Isord de Lisle) dit

Essai philosophique sur le corps humain, pour servir de suite à la "Philosophie de la nature"

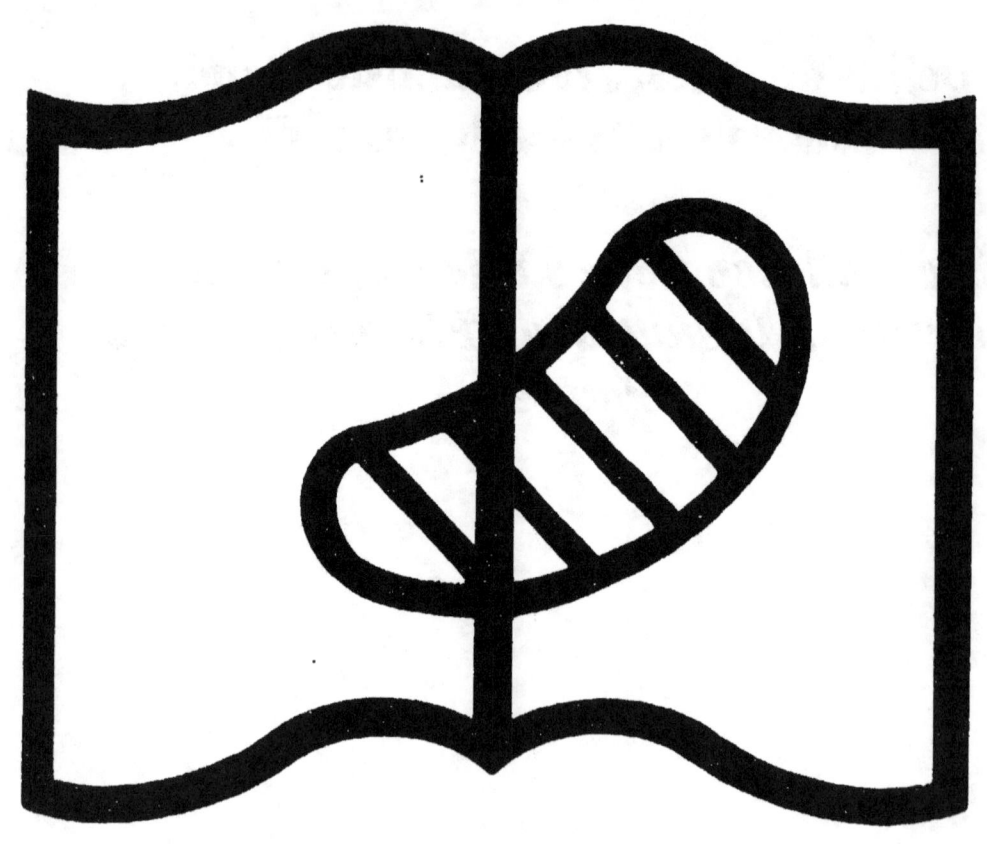

Symbole applicable
pour tout, ou partie
des documents microfilmés

Original illisible

NF Z 43-120-10

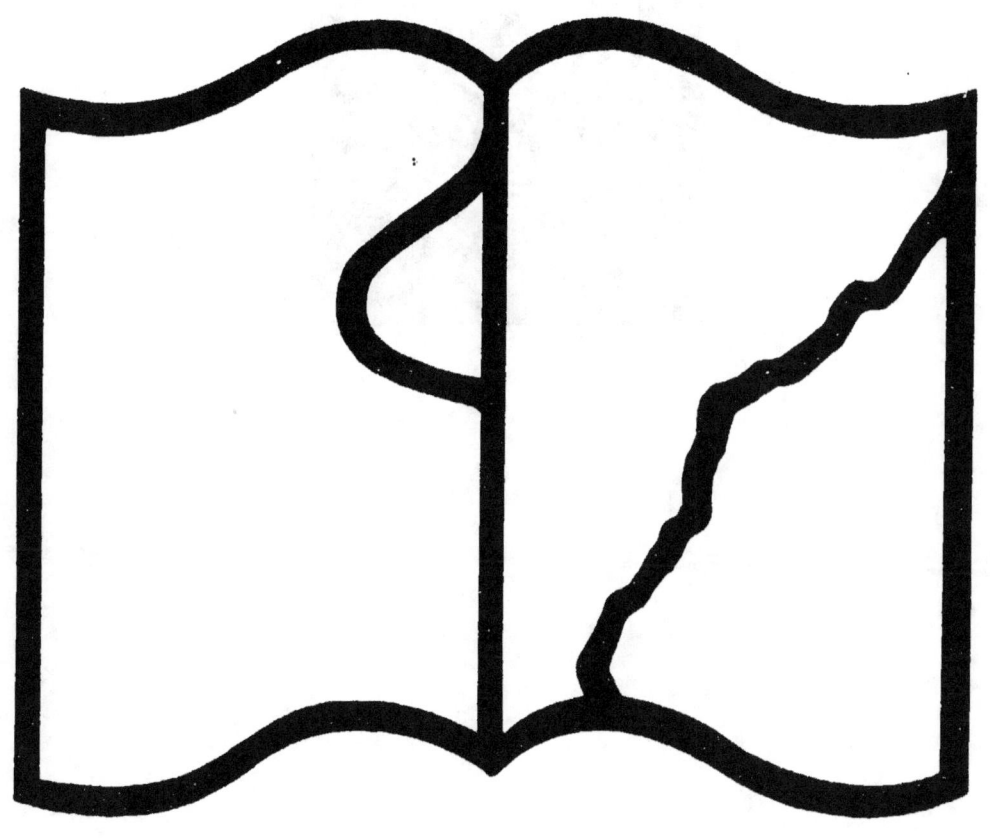

Symbole applicable
pour tout, ou partie
des documents microfilmés

Texte détérioré — reliure défectueuse

NF Z 43-120-11

R. 2946.
D. 2.

ESSAI PHILOSOPHIQUE

SUR

LE CORPS HUMAIN,

POUR SERVIR DE SUITE

A LA

PHILOSOPHIE DE LA NATURE.

Nunquam aliud Natura, aliud Sapientia dicit.
Juvenal, Satyre XIV.

TOME SECOND.

A AMSTERDAM,
Chez Arkstée & Merkus.

M. DCC. LXXIV.

DE LA
PHILOSOPHIE
DE
LA NATURE.

SUITE DU LIVRE III.

CHAPITRE II.
Remarques générales sur le Corps Humain.

Il étonna singuliérement le monde Littéraire, ce Berkeley qui prouva, à la façon des Géomètres, que le corps humain n'exiſtoit pas. De grands hommes refuſerent de lutter avec lui ; parce que l'erreur étoit plus féduiſante ſous la plume du Sophiſte, que la vérité ne devoit l'être ſous celle du Philoſophe : & peu s'en eſt fallu qu'un des plus hardis blaſphêmes contre la raiſon, n'ait paſſé pour une des loix éternelles de la Nature.

Le corps humain exiſte, & il eſt inutile de le démontrer ; parce qu'il en eſt de cette vérité de fait, comme des axiomes de Géométrie, qui prouvent tout & qu'on ne prouve pas : quand à l'Evêque de Cloyne, le ſeul homme après Pyrrhon qui en ait douté de bonne-foi, à quoi ſerviroit pour le convaincre tout l'appareil de mes raiſonnemens ? s'il eſt conſéquent, il doit douter à la fois

& qu'il ait écrit son paradoxe, & que je l'aye réfuté.

Malgré les déclamations de quelques sombres misanthropes, l'homme est à la tête de l'échelle animale; son corps suffiroit pour lui assurer cette supériorité : quelle hardiesse dans la charpente générale de la machine humaine ! quel goût dans les formes, & quelle beauté dans les proportions ! cette tête dont l'attitude est celle du commandement, ce caractère de vigueur imprimé sur un sexe, ces graces touchantes répandues sur l'autre; cette ame surtout qui se peint dans les regards de tous deux, & qui semble multiplier leur existence, attestent que l'homme est le chef-d'œuvre de la Nature, qui d'ailleurs n'a fait que des chefs-d'œuvres.

Ce fou de la Mettrie qui nia audacieufement tout ce qu'il n'entendit pas, & qui entendit très-peu de chofes dans les myftères de la Nature, croyoit les animaux bien fupérieurs à l'homme dans l'ufage de leurs facultés : il le dit à chaque inftant dans l'*Homme-Machine* ; mais il n'a pas même perfuadé fes enthoufiaftes : l'origine de l'erreur de ce célèbre Athée vient de ce qu'il n'a pas affez diftingué l'homme naturel de cet homme que nos ufages ont civilifé, amolli & dépravé ; c'eft le fauvage robufte qui devoit lui fervir d'objet de comparaifon, & non ce Parifien petit & froid, qui fe glorifie de fes fens factices & de fon entendement mutilé, pour qui la Nature eft un être métaphyfique, & que le plaifir a tué avant qu'il ait eu le loifir de le connoître.

L'homme fauvage eft, relativement

à sa taille, plus léger que les quadrupèdes : le Jésuite du Halde qui ne ment guères que quand il parle de sa Société, a vu les montagnards de l'isle Formose, défier les chevaux les plus rapides, & prendre le gibier à la course (*a*) ; ce fait n'a pas encore été nié par les Philosophes.

L'homme sauvage est le plus adroit des animaux ; il y a des Hottentots qui à cent pas touchent d'un coup de pierre un but qui n'a que trois lignes de diamètre : les anciens habitants des Antilles perçoient de leurs flèches les oiseaux au vol, & les poissons à la nage ; & il ne manque à l'homme de la Nature que d'avoir

---

(*a*) *Voyez* Lettr. Edif. — On sçait aussi que les Chaters d'Ispahan font trente-six lieues en quatorze heures.

les besoins de l'homme en société, pour être en tout genre plus adroit que lui.

L'homme sauvage est aussi, relativement au volume de son corps, le plus fort des animaux. Les Auteurs qui ont parlé du genre-humain, dans les tems qui avoisinoient son berceau, nous entretiennent sans cesse des prodiges de sa vigueur : les législateurs par leurs institutions l'énerverent ensuite ; mais ce ne fut que par des degrés insensibles : voyez encore dans Homère quels hommes c'étoient que les Théfée, les Achille & les Hercule ; descendez au siècle merveilleux de la Chevalerie, & lisez les exploits des Bayard, des du Guesclin & des Couci, vous vous croirez transporté dans une autre planète ; & si vous n'êtes pas un peu Philosophe, vous mettrez l'histoire de nos Paladins, avec les contes des Centaures & des Hyppogryphes.

On voit encore, de tems en tems, parmi ces sauvages qui n'ont pas adopté nos loix pusillanimes & nos mœurs dépravées, des traits de vigueur physique supérieurs à ceux qu'on raconte des Hercule & des du Guesclin. En 1746, un Indien de Buenos-Aires, dans un spectacle public, attaqua un taureau furieux armé d'une seule corde, le terrassa, le brida, le monta & sur ce nouveau coursier combattit deux autres taureaux, également furieux, & les mit à mort au premier signal qu'on lui donna (a). L'Inquisition le crut sorcier, parce qu'il étoit plus fort que

---

(a) Observ. sur l'Hist. Natur. de M. Gautier, Tom. I. pag. 262.

tous ſes Alguaſils ; & s'il n'avoit pas été de la religion d'Hercule, il auroit été brûlé.

En France où on brûle très-rarement, parce qu'il n'y a point de Saint-Office, le Maréchal de Saxe a pu être ſans péril le Milon de ſon ſiècle : on raconte mille traits de ſa vigueur ; un des plus étonnants eſt celui-ci qu'on connoît moins ; il prenoit une corde pour point d'appui, enlevoit entre ſes jambes un cheval d'eſcadron & le tenoit ſuſpendu juſqu'à ce qu'il l'eût étouffé : l'Antiquité dit qu'Hercule en fit autant du Géant Antée, fils de la Terre ; mais c'étoit dans un tems où l'on croyoit que la Terre faiſoit des enfants, & que ces enfants étoient aſſez grands pour jouer au palet avec des montagnes.

En général, on s'appercevra aſſez,

dans le cours de cet Ouvrage, que si l'homme désarmé le cède en force aux animaux de sa taille; il ne doit l'attribuer qu'à son éducation énervée, & non à une erreur de la Nature.

Des hommes éloquents frappés de cette supériorité de notre espèce sur les animaux, en ont tiré quelquefois des conclusions plus glorieuses pour nous que légitimes : le Pline du siècle a dit, dans son Histoire Naturelle, que nous avions essentiellement la langue & la main au-dessus des animaux; & plusieurs Ecrivains imitateurs ont répété ce paradoxe, croyant que le nom de l'Auteur devoit les dispenser de l'examen.

D'abord les singes se servent de leur main avec une adresse singuliere, sur-tout ceux qui étant de la classe des bipèdes, n'usent point en elle par le frottement l'organe du toucher : s'il y a une si grande uniformité dans leurs ouvrages, c'est qu'ils sont bornés à un petit nombre de besoins : s'ils étoient nés pour vivre en société comme nous, ils connoîtroient bientôt le luxe; & qui sçait si avec du luxe, ils n'auroient pas bientôt des Vaucanson ?

Le paradoxe sur la langue est encore plus insoutenable. Je n'entends sous le nom de langue que l'action de rendre, par un signe extérieur, ce qui se passe au dedans de nous : or dans ce sens, il n'y a point d'animal qui ne parle; le cheval qui souffre ne hennit point de la même façon que le cheval amoureux ; le pigeon en roucoulant appelle la colombe & la fait fuir ; le lion connoît tous les besoins de ses petits à l'inflexion variée de leurs mugiffements.

Mais, dit M. de Buffon, il eft fi vrai que ce n'eft pas faute d'organes que les animaux ne parlent pas, qu'on en connoît de plufieurs efpèces auxquels on apprend à prononcer des mots, & même à répéter des phrafes affez longues; mais jamais on n'eft parvenu à leur faire naître l'idée que ces mots expriment (*a*). Ainfi, dit à ce fujet un Naturalifte Anglois, la raifon pour laquelle ils n'expriment point leurs penfées par des fignes combinés & réguliers, c'eft qu'il n'y a point de combinaifon réguliere dans leurs penfées (*b*).

(*a*) *Voyez* l'Hift. Natur. édit. in-12. Tom. 4. pag. 166.

(*a*) Parallèle des Facultés de l'Homme, &c. trad. par J. B. Robinet, pag. 12.

Il eſt bien étonnant que des animaux n'attachent point aux mots techniques que nous leur apprenons, l'idée qu'y mettent nos Grammairiens ! connoiſſent-ils les langues par principes ? Avons-nous aſſez étudié leur nature, pour que les mots que nous leur apprenons ſervent d'intermèdes entre leurs idées & les nôtres ?

Il ne faut pas plus exiger du chien à qui Leibnitz apprit à prononcer quelques mots Allemands, qu'il réponde avec intelligence à ſon maître, que nous n'exigerions d'un Caraïbe qu'il converſe avec nous en Grec, parce qu'on a trouvé dans ſa langue un mot ou deux qui ſont dans un chœur de Sophocle.

Il faudroit faire un ouvrage auſſi gros que l'Hiſtoire Naturelle, pour raſſembler tous les traits qui annoncent une combinaison régulière dans les idées des animaux : Pline, Aristote, le Baron Von-Linné, le Docteur Reimar, Réaumur & Lyonnet en citent des exemples sans nombre ; il y en a aussi dans le Roman Philosophique de Bougeant sur le langage des bêtes ; il est vrai que ce Jésuite a eu tort d'affirmer, sans révélation, qu'un animal ne donnoit des signes d'intelligence, que parce qu'il logeoit dans son corps une ame du diable.

M. de Buffon & ses disciples devoient se contenter de dire que l'homme a la langue & la main infiniment plus perfectionnées que le reste des animaux : alors ils l'auroient maintenu à la tête de l'échelle animale, sans lui donner des qualités exclusives que lui disputent la Nature & la Raison.

L'homme a au-dessus des animaux la faculté de s'accommoder de toutes sortes d'aliments pour appaiser sa faim : il est à son choix carnivore, ichtyophage & frugivore, sans que sa santé s'en altère : la Nature lui a donc donné un moyen de plus de se conserver, & en effet il est infiniment rare que quelque individu de l'espèce humaine meure physiquement de faim ; ce n'est point l'estomac vuide qu'il est difficile de satisfaire, c'est l'estomac blasé : un pain noir & de l'eau font vivre le laboureur qui travaille; l'habitant des villes, oisif & dégoûté, meurt de faim à la table d'Apicius.

Au reste, c'est de cette facilité que nous avons de nous accommoder de toutes sortes d'alimens, que la plupart de nos maladies tirent leur origine : les animaux accoutumés à une nourriture simple & uniforme parcourent sans chanceler la carrière de la vie : pour nous, qui ne goûtons que les mets composés, qui irritons encore notre appétit lorsque le besoin n'est plus, & qui faisons d'un sens de plaisir une organe de débauche, il n'est point étonnant que les ressorts de notre machine s'usent avant le temps, & que nous ayons le triste privilége de mourir à tout âge.

En général, c'est cette grande uniformité dans les actions des animaux qui les distingue essentiellement de l'espèce humaine ; tous les vers à soie filent de la même façon leurs coques ; toutes les cellules des abeilles sont hexagones ; quand on sçait les ruses de guerre d'une bête carnivore, on connoît d'avance tout ce qu'exécutera en ce genre sa postérité ; il n'en est pas de même de l'homme ; chaque individu a un ame à lui ; son intelligence se varie suivant la maniere dont ses fibres sensibles cèdent à l'impression des objets extérieurs, & peut-être qu'il n'y a pas un caractère qui se ressemble, depuis le Caffre stupide qui fait son dieu d'une sauterelle, jusqu'à ce Newton dont l'intelligence active plane au-dessus des mondes qu'elle a mesurés.

L'homme est le plus beau des êtres sensibles ; il n'y en a point dont le contour des membres soit mieux dessiné, dont les formes soient plus adoucies, dont le visage porte plus évidemment le caractère de la supériorité ; mais la finesse même de la peau, dont il s'enorgueillit avec tant de raison, entraîne avec soi un grand désavantage; il est obligé dans le plus grand nombre des climats de s'habiller sous peine de la douleur, & même de la mort.

Voilà donc un besoin de plus, qui fait naître notre délicatesse naturelle; au reste, ce besoin même, à quelques égards, est un bien, puisqu'il force notre industrie à se développer. Sans cette nécessité de se vêtir, nous n'aurions peut-être aucun des Arts, ces Arts dont le luxe peut abuser, mais qui sont un monument éternel de notre supériorité.

On s'appercevra assez, dans le cours de cet Ouvrage, par combien d'autres titres l'homme mérite d'être placé au-dessus de tous les êtres de la planète qu'il habite : on ne veut jetter ici que quelques idées générales, qui serviront de point d'appui pour juger les plans de réforme qu'on propose.

CHAPITRE III.

De la Beauté.

JE voudrois étudier dans la Nature le deſſein prototype de la beauté ; voir en quoi le beau primitif diffère du beau arbitraire, & faire dériver ainſi de quelques principes invariables la chaîne des devoirs de l'homme envers lui-même.

La beauté !... que ce mot n'allume point l'imagination de quelques femmes frivoles : il y a trop loin de la Philoſophie de la Nature à un Livre de boudoir : Palmyre même, toute chère qu'elle eſt à mon cœur, ne me ſervira point de modèle ; ce n'est point ma beauté que je dois peindre, c'est celle du genre humain.

Platon & le Pere André ont dit bien des inutilités Métaphysiques sur le beau : leur beau idéal n'est point celui de la Nature ; & quelque brillante que soit l'imagination de ces Ecrivains, il faut chercher ailleurs des lumieres sur la beauté.

Irons-nous consulter l'Artiste Anglois Hogard, qui, dans son *Analyse du Beau*, fait dériver uniquement du degré de courbure d'une ligne le type original de la beauté (*a*).

Un des hommes les plus en état de nous éclairer sur les principes de

_____

(*a*) Etats des Arts en Angleterre, édit. de 1755, pag. 52.

la beauté étoit Winckelmann ; ce Sçavant avoit passé sa vie à étudier les livres des Anciens, leurs statues & leurs tableaux ; il étoit plus Artiste que Métaphysicien, & n'avoit guères d'autres préjugés que ceux que donne l'enthousiasme pour les beaux monuments de la Grèce & de Rome : voyez cependant comme il définit la beauté ; je rapporte scrupuleusement ses termes : *L'idée de la beauté est comme un esprit produit par le feu de la matiere, qui tâche de se former une créature d'après l'original de la premiere créature raisonnable, projettée dans la Sagesse de la Divinité* (a). Ce seroit au Sphinx,

―――――――――

(a) Histoire de l'Art chez les Anciens, Tom. I. pag. 254.

que cet Antiquaire a si bien décrit dans son livre, à donner la clef de cette énigme.

Pope qui a parlé de l'homme en si beaux vers, n'a pas défait le nœud gordien, il l'a coupé ; l'homme, dit ce Poëte, est parfait tel qu'il est : ainsi un Samoyède, un Caffre & un Kalmouke, sont aussi souverainement beaux que ce Grec qui servoit autrefois de modèle à la statue d'Antinoüs ; ainsi cette Nègresse du Monomotapa, avec son nez épaté, ses lèvres bouffies & ses mammelles pendantes à ses genoux, est une beauté aussi parfaite que cette Cléopatre, qui coûta à Marc-Antoine l'empire du monde, ou cette Géorgienne capable d'embrâser les sens mêmes de l'homme blasé qui a un serrail.

Laissons-là Platon, le Jésuite André, Winckelmann & l'Optimisme, & tâchons de prendre des idées justes de la beauté.

Je ne sçais si je me trompe ; mais il me semble que le Philosophe peut définir la beauté, l'accord expressif d'un tout avec ses parties.

Cette définition est d'autant plus exacte qu'elle convient également aux productions de l'Art, & aux ouvrages de la Nature ; elle me servira à désigner, non-seulement la femme, dont mon cœur est épris, mais encore le Groupe de Laocoon, la Colonnade du Louvre, & la Comédie du Misanthrope.

En analysant l'idée que je me fais ainsi de la beauté, j'y trouve tous les attributs qui la caractérisent ; c'est-à-dire, le coloris, les formes heureuses & l'expression. Achevons de la décomposer, afin de la peindre.

ARTICLE

ARTICLE PREMIER.

Du Coloris.

Tout est coloré dans la Nature; faire abstraction de la couleur en dessinant la beauté, c'est peindre un être de raison ; voilà ce qui met tant d'obscurité dans les fameux dialogues de Platon : il est impossible de se former une idée de son *souverainement beau*, comme du point Mathématique des Geomètres & des Monades de Leibnitz.

De toutes les couleurs celle qui paroît le plus favorable à la beauté humaine, est le blanc; c'est en effet celle qui est le plus impregnée des rayons de la lumiere : aussi dans presque toutes les langues l'idée d'éclat est renfermée dans celle de la beauté.

On pourroit expliquer par-là pourquoi chez tous les peuples policés, le diamant est d'un plus grand prix que le rubis, la topaze ou l'émeraude.

Voyez les belles statues qui nous restent des Anciens : quel est le connoisseur qui ne préféreroit pas l'Apollon du Belvedere, qui est en marbre blanc, au Scipion de Basaltes noir du Palais Rospigliosi, quand mêmes ces deux chefs-d'œuvres seroient du même Artiste ? on ne se persuade pas aisément que ce qui est obscur soit souverainement beau.

Les peuples même dont la peau n'a pas la couleur primitive de la beauté, en reconnoissent l'excellence; les négresses se livrent avec fureur à un blanc, & les nègres qu'il fait trembler lui érigent des autels.

Qu'on ne m'objecte point le goût dépravé de quelques Européens pour des négresses ; ce ne sont point les charmes d'une peau basanée qui les subjuguent ; c'est la délicatesse des formes, c'est la régularité des proportions, & sur-tout cette ardeur effrénée pour le plaisir, qui dans les climats chauds multiplie les jouissances.

La Nature a prodigieusement varié les nuances qui distinguent la plupart des peuples du globe; elle descend par degrés insensibles du blanc des François au basané des Espagnols, & de-là au gris-cendré des Siamois, à l'olivâtre des Mogols, au jaune des Brasiliens, & enfin au noir des peuples du centre de l'Afrique ; & on peut assurer presque toujours fans fe tromper, que plus elle s'écarte du blanc, plus elle affoiblit le caractère primitif de la beauté.

Cependant la blancheur toute feule ne conftitue pas la beauté : il y a en Afrique un peuple dégénéré, connu fous le nom d'Albinos, dont le teint eft d'un blanc livide, & que les Naturaliftes mettent au-deffous des Nègres qui font les derniers hommes de la terre ; c'eft que la beauté étant, comme nous l'avons déja dit, l'accord expreffif des parties avec le tout, elle exige une heureufe harmonie même dans les nuances de la couleur primitive : un Albinos qui n'a qu'une couleur, eft à un Italien plus favorifé de la Nature, ce qu'eft une eftampe au crayon, à un fuperbe tableau de Raphaël.

C'eft par-là qu'on peut expliquer

pourquoi, en général, une statue d'un grand Artiste plaît moins qu'un tableau de main de maître ; il lui manque essentiellement un des trois caractères de la beauté, je veux dire la magie du coloris ; & si Prométhée est devenu amoureux de sa Pandore plutôt qu'Apelle de sa Vénus, c'est que dans le délire de sa passion, un amant qui veut jouir est plus sensible à la délicatesse des formes, qu'au ton heureux des couleurs ; & on sçait qu'à cet égard le marbre fait plus illusion que la toile.

Cette Hélène, qui arma dix ans l'Europe contre l'Asie, avoit, suivant Homère, la peau d'une blancheur éclatante ; & les couleurs les plus tendres & les plus variées, se fondoient mollement sur son visage ; l'incarnat de son teint ressembloit à la couleur d'un rideau pourpre, réfléchi sur une table de marbre blanc ; & qu'on ne dise point qu'Homère ici est plus Poëte qu'Historien , c'étoit en étudiant la Nature que ce grand homme avoit appris à peindre la beauté.

ARTICLE II.

Des Formes.

Les statues ne peuvent avoir qu'un ton de couleur ; c'est par les belles proportions du corps des Anciens, que nous jugeons de leur beauté.

Il nous reste en ce genre deux modèles ; c'est la Vénus de Médicis & l'Apollon du Belvedere, chefs-d'œuvres dont nos Pigal & nos Girardon n'ont pu qu'approcher ; & qui serviroient en quelque sorte à justifier le crime célèbre de Pigmalion.

Quand Anacréon peint Bathylle & sa maîtresse, il donne à leurs corps les belles proportions de la Vénus de Médicis & de l'Apollon du Belvedere ; ainſi les Poëtes & les Sculpteurs concourent avec les Historiens à faire regarder les Grecs, des temps héroïques, comme les plus beaux hommes de la terre.

Ajoutons que ces mêmes Grecs étoient juges-nés de la beauté ; les hommes nuds combattoient dans leurs gymnaſes : les femmes luttoient à Sparte, n'ayant de voile que celui de la pudeur : il étoit donc tout ſimple que leurs Artiſtes, ayant ſans ceſſe devant les yeux de beaux modèles, fiſſent ſouvent des chefs-d'œuvres.

Les belles proportions du corps humain ſont plus aiſées à ſentir qu'à définir ; Winckelmann nous dit ſérieuſement que la *ſtructure de notre corps réſulte du nombre trois, qui eſt le premier nombre impair, & le premier de la proportion, puiſqu'il contient le premier nombre pair, & un autre nombre qui fert à les lier enfemble* (a). Avec un pareil jargon, on peut devenir Pythagoricien, mais non amateur de la belle Nature (b); & ce feroit un prodige

---

(a) Hift. de l'Art, Tom. I. pag. 292.

(b) Je donnerai ci-après, Article IV, une idée d'un bel homme; mais c'eft un tableau pour le Philofophe, & non pour l'Artifte.

Comment, à moins d'être Deffinateur, goûter les préceptes de l'Art fur les proportions ? Ce n'eft pas tout que de fçavoir que la grande taille pour l'homme eft de cinq pieds huit pouces, il faut encore apprendre que la hauteur du corps fe divife en dix *faces*, (terme technique, qui dérive de ce que la face de l'homme a été le premier modèle de fa mefure). — Qu'on en compte un tiers & demi, depuis le fommet de la tête jufqu'au bas du menton. — Deux tiers de-là jufqu'à la foffette des cla-

bien merveilleux, si la postérité devoit à cette froide arithmétique le

vicules, & une toute entiere de ce point jusqu'au-dessous du sein. — Que la quatrième face finit au nombril, & la cinquième à la bifurcation du tronc. — Qu'un homme bien proportionné, en étendant les bras sur une ligne horisontale, doit faire trouver la même distance entre les extrémités du grand doigt de chaque main, qu'entre le sommet de la tête & la plante des pieds, &c. — Il ne s'agit pas ici de former des Peintres, mais des Philosophes.

De plus, ces proportions, dit-on, sont un peu arbitraires; la femme, suivant les Artistes, doit avoir trois pouces de moins que l'homme; son col doit être plus long, son sein plus apparent, ses épaules plus effacées, sa taille plus svelte, & ses contours plus arrondis.

Il y a encore des différences essentielles dans les proportions, entre une vierge & une femme devenue mere, entre Apicius &

génie aîlé de la vigne Borghèfe ou le grouppe admirable de Laocoon.

un robufte laboureur, entre Newton & un homme défœuvré qui dort, mange & digere.

Encore une fois, voulez-vous avoir l'idée de la beauté, par rapport aux proportions, allez en Italie, & tombez aux pieds de la Vénus de Médicis & de l'Apollon du Belvedere.

ARTICLE III.

De l'expression.

Le coloris & les belles proportions ne feroient encore du modèle, dont je m'occupe, que la froide statue de Prométhée : l'expression est le feu céleste qui doit la vivifier ; c'est elle qui constitue essentiellement la beauté.

La beauté qui résulte du mélange heureux des couleurs & celle que fait naître la proportion des formes, ne sont pas reconnues universellement ; le Samoïède, avec son visage large & plat, son nez écrasé, ses jambes courtes & sa taille de quatre pieds, a des prétentions ainsi que le Persan à la beauté : un roi Africain périra avant de se laisser enlever une négresse de son serrail ; mais la beauté qui dépend de l'expression, est adoptée par tous les peuples du globe : elle diminue la difformité d'une Laponne, & multiplie les appas d'une Georgienne ; c'est elle qui constitue la beauté de la Nature.

L'expression est l'ame même répandue sur toute la personne ; & tant pis pour notre langue, si sa stérilité m'oblige à ne définir les attributs de la beauté que par des métaphores.

Chez presque tous les hommes, l'ame dont je parle brille dans les regards ; chez ceux qui sont heureusement organisés, elle se manifeste dans toute la personne ; voyez les monuments de l'Art qui rendent le mieux la belle Nature ; Rubens ne fait-il pas fentir l'épuifement de Marie de Médicis, dans l'affaiffement de fon fein ? ne reconnoît-on pas les convulfions de la douleur, jufques dans les doigts des enfants du grouppe de Laocoon ?

On remarque, en général, que ce font les paffions douces qui rendent la beauté plus touchante ; comme les paffions violentes ajoutent à la difformité (*a*).

La beauté fans expreffion, ne caufe qu'un inftant de furprife ; la beauté réunie à l'expreffion procure fans ceffe de nouveaux points de vue à l'admiration, & ne l'épuife jamais : une froide Hollandoife n'eft guères

___

(*a*) Pline qui a tant obfervé la Nature, & qui quelquefois l'a fi bien peinte, a fait le premier cette obfervation. — Voyez *Hift. Natur. lib.* 2. *cap.* 37.

belle que d'une façon, une vive Italienne l'eſt de cent mille.

L'expreſſion eſt le germe des graces. — Les graces, cet accord heureux des mouvements du corps avec ceux d'une ame libre ; ce charme ſingulier de la beauté, qui naît ſans qu'on s'en apperçoive & que l'œil qui le cherche fait diſparoître.

Les graces ſont données particulierement au ſexe, & c'eſt une ſuite de cette loi admirable de la pudeur, dont la Nature nous a fait préſent, pour augmenter le charme de nos jouiſſances ; comme cet heureux inſtinct oblige une femme à voiler tous ſes appas, le moindre mouvement involontaire qui les découvre devient une grace, qu'apperçoit l'œil indifférent, auſſi-bien que l'œil embrâſé d'un amant.

Homère, le créateur des belles

allégories, fit bien de donner à Vénus la ceinture des graces; elle ne convenoit point à ses deux rivales: il n'y a rien de si froid que la Sagesse & la Majesté; l'expression & les charmes qui en résultent appartiennent essentiellement à une divinité qui aime & fait aimer.

Il y a une sorte de grace vague qui entretient l'ame dans une douce rêverie; on l'apperçoit dans une Vénus endormie du Titien: un charme indéterminé vivifie son visage: il semble qu'un songe léger voltige sur sa tête; cette espèce d'expression dépend moins de ce que le pinceau a tracé, que de ce qu'il laisse à entendre.

Trop d'expression fait disparoître les graces; elles ne se rencontrent jamais dans les tableaux hardis de Michel Ange : la verve contrainte de Lucain, le mène quelquefois au sublime ; mais ne lui fait jamais délier la ceinture de Vénus.

A Dieu ne plaise que je veuille dégrader les élans audacieux de l'imagination ! mais il est bien plus difficile de trouver dans l'expression la grace que la force : la Vénus de Médicis demandoit bien plus de génie que l'Hercule Farnèse ; & une Nation, amie des Arts, produira vingt docteurs Young pour un Lafontaine.

L'expression de la beauté dans l'homme demande plus de force, & dans le sexe plus de grace ; Lysippe auroit péché contre les éléments de son Art, si son ciseau avoit donné au visage d'Alexandre, les graces molles & touchantes qu'Apelle prodigua à sa Vénus ; je ne parle point ici de l'homme avant l'âge de puberté : car alors la Nature semble encore incertaine sur son sexe, & on peut faire une femme ou un homme d'un hermaphrodite.

Mais à quelqu'âge qu'on soit, & de quelque sexe qu'on se trouve, il y a toujours une expression qui sert de caractère primitif à la beauté ; & c'est principalement dans cette partie que les monuments de l'Art, froids par eux-mêmes, doivent imiter la Nature.

ARTICLE IV.

D'un double chef-d'œuvre de la Nature.

Qu'on ne s'étonne pas, si je m'arrête si long-temps sur l'esquisse de la beauté ; le genre humain lui doit une des grandes preuves de sa supériorité sur tous les êtres de ce globe ; elle suffit même dans l'origine des sociétés pour élever un individu au-dessus de ses égaux : les Parthes, pendant long-temps, choisissoient le plus bel homme de la nation pour leur roi, & ils n'en étoient pas plus mal gouvernés.

La beauté dépend beaucoup du

climat qu'on habite (*a*) : le froid, en contractant les papilles nerveuses des femmes du Nord, doit priver leur peau de cette mollesse qui caractérise la sensibilité ; d'un autre côté, l'air embrâsé de la Zône torride procure une transpiration violente qui énerve le tempérament, & en desséchant l'humide radical, flétrit la beauté dans son germe.

Une grande preuve de l'influence du climat sur la beauté, c'est que plus on s'approche de la Zône torride & du Pôle, plus on apperçoit de ces êtres informes que la Nature semble n'avoir qu'ébauchés ; tantôt ce sont des arbres dégénérés, & des

---

(*a*) C'est Cicéron qui dit que plus l'air est pur & subtil, plus les têtes sont belles & pleines d'intelligence. **De Natur. Deor.** *lib.* 2. *cap.* 16.

fleurs qui meurent avant de s'épanouir ; tantôt ce font des pygmées, des nègres blancs, ou des peuplades d'hommes qui diffèrent de moitié de l'original forti des mains de la Nature.

C'est dans les Zônes tempérées qu'il faut chercher les plus beaux hommes de la terre ; la Grèce, par exemple, & fur-tout l'Ionie, ont fourni en tout temps des modèles achevés pour les deux fexes ; & ces modèles copiés par les Lyfippe, les Apelle & les Phidias, font devenus des monuments parfaits de l'Art, & le défefpoir éternel des Artiftes.

On a prétendu qu'il fut un temps où Alcibiade, le plus bel homme de la Grèce, voulut époufer Afpafie, la plus belle femme de fon fiècle : voici l'idée qu'auroit pu fe former de leurs traits un Hiftorien Philofophe, s'il avoit été chargé par sa nation de les transmettre à la postérité.

Le couple charmant avoit six ans au-dessus de l'époque de la puberté (*a*), ce qui forme dix-huit ans pour l'amante & vingt ans pour l'amant ; c'est à cet âge que la fleur de la beauté est dans tout son éclat : auparavant le calice s'ouvre à peine ; après il tend à se flétrir.

Tous les deux jouissoient de cette santé brillante qui annonce une carriere longue & fortunée ; comme un jour vif & serein est annoncé par la douce lumiere de l'aurore.

Aspasie avoit de hauteur trois

―――――――――――

(*a*) Dans le fait, Aspasie l'épouse de Phocion & le conseil de Socrate, étoit beaucoup plus âgée qu'Alcibiade. — Mais il ne s'agit pas ici de chronologie.

pouces de moins qu'Alcibiade, & la taille d'Alcibiade étoit de cinq pieds huit pouces : c'eſt bien peu, ſans doute, pour des modèles ; mais dès ce temps-là tout commençoit à dégénérer : les guerriers ne ſe battoient plus avec des rochers : les femmes ne ſe piquoient plus d'avoir la légèreté d'Atalante, & les héros d'Athènes n'avoient pas ſix pieds.

On remarquoit dans tous deux une taille ſvelte & légère, les traits fins & les formes arrondies de l'adoleſcence : cependant lorſque dans une danſe animée, Alcibiade ſoulevoit dans ſes bras ſa maitreſſe, on voyoit ſes nerfs ſe deſſiner fortement ſous l'épiderme, ſes muſcles paroiſſoient prononcés ; & cet effort cauſé par la joie & l'amour, faiſoient jouer en lui tous les reſſorts de la Nature.

Arrêtons-nous sur Aspasie; car la peindre, c'est peindre aussi Alcibiade: les deux amants ne semblent différer essentiellement que par le sexe, & la Nature à cet égard les a couverts d'un voile, que la main indiscrète du Philosophe ne doit point arracher.

Et qu'on ne dise pas que l'homme à vingt ans n'a point encore atteint la perfection de sa nature; dès que son corps cesse de se développer, il est aussi bien qu'il doit l'être: je ne vois pas pourquoi un bel homme doit avoir la taille quarrée, les muscles toujours en contraction, & le contour des membres dessiné avec dureté: Hercule est un homme vigoureux, mais n'est point un bel homme: quand je veux peindre une rose dans sa fraîcheur, je n'attends pas qu'il ne refte à la tige que des épines.

La tête d'Afpafie paroiffoit de ce bel ovale qu'on ne rencontre plus que dans les ftatues des Divinités : fon front libre & ouvert étoit régulierement ombragé par des cheveux blonds, dont les ondes naturelles n'étoient retenues que par une écharpe de gaze (*a*). Ses fourcils formoient un filet de foie recourbé, qui couvroient avec grace de grands

---

(*a*) Cette écharpe s'appelloit chez les Grecs Μιτρα.

Profpicit & magnis curarum fluctuat undis
Non flavo retinens fubtilem vertice mitram.
    Epithal. Pel. & Thet.

Cette mitre, au refte, n'étoit pas néceffaire à la beauté de la Nature.

yeux noirs (*a*) & bien fendus ; au-dessus des deux roses de ses joues étoit un nés élégamment proportionné ; mais que les Artistes du temps regrettoient de ne pas voir quarré (*b*). On ne la surprenoit jamais sans découvrir dans sa bouche cette

---

(*a*) Les yeux noirs étoient la beauté favorite des Anciens : Homère vante les yeux noirs de Briseis, Anacréon ceux de Bathylle, & Horace ceux de Lycas !

Nigris oculis, nigroque
Crine decorum.
      Horat. Od. 19.

(*b*) Ces nés quarrés étoient très-respectables chez les Anciens, s'il en faut croire Philostr. Heroïc. lib. 12 & 17. — L'Artiste qui a fait la Pallas du Palais Justiniani en a donné un pareil à cette Divinité : il est probable que primitivement ces nés quarrés furent un défaut, que des femmes *respectables* eurent l'art d'ériger en beauté.

grace particuliere, qui n'est pas le sourire, mais qui en approche; & quand elle s'ouvroit pour parler à Alcibiade, malgré sa petitesse, on appercevoit ses trente-deux dents, dont l'émail relevoit encore l'incarnat de ses lèvres vermeilles; enfin, cette tête charmante étoit terminée par un menton d'un ellipse parfait, qui, parce qu'Aspasie étoit plus belle que jolie, se trouvoit dépourvu de fossette (a).

Aspasie sortoit du bain quand on se proposa de transmettre ses traits à la postérité; ainsi au-dessous d'un col d'albâtre, l'œil embrâsé du Peintre pouvoit voir sans voile un sein

―――――――――――

(a) La fossette est, je n'ose pas dire un défaut; mais du moins une singularité de la Nature: on ne la trouve point dans la belle Niobe, dans la Pallas du palais Albani, ni dans la Vénus de Médicis.

ferme & séparé (*a*), dont les mammelons, taillés en forme de poire (*b*), devoient se prêter merveilleusement à la succion, & remplir par-là les vues admirables de la Nature.

Cependant, comme Aspasie n'étoit point devant un époux, un instinct charmant courboit en arc une de ses mains pour servir de voile à sa gorge ; mais cette main, malgré l'embonpoint de la jeunesse, étoit encore trop fine pour n'être pas indiscrette.

(*a*) Il doit y avoir entre les deux mammelons le même espace qui se trouve de-là jusqu'au milieu de la fossette des clavicules : ainsi dans une femme bien conformée, ces trois points doivent faire un triangle équilatéral.

(*b*) Et non en forme de pomme coupée, comme le désirent nos petites maîtresses, qui espèrent bien ne jamais devenir meres, ou du moins n'en jamais remplir les fonctions.

La belle maîtresse d'Alcibiade, dont les charmes étoient dévorés par les regards du Peintre, se hâta de sortir de la salle du bain; un de ses genoux découverts parut doucement voûté sans aucun mouvement sensible des muscles : elle couroit légèrement, parce qu'elle avoit la jambe déliée d'Atalante; mais sa démarche étoit sûre, parce qu'elle n'avoit point appris des Chinoises à se mutiler les pieds pour les mettre à la mode.

Aspasie, comme toutes les Grecques de son tems, avoit une ceinture qu'un époux seul avoit le droit de détacher (*a*). Heureuse ceinture,

―――――――――――――

(*a*) Euripide, dans son Alceste, fait dire à son héroïne : *O lit nuptial ! où j'ai quitté avec cet époux, pour qui je meurs, ma ceinture de virginité.* — Alceste, act. IV. sc. 2.

bien faite pour relever la beauté : car le sexe se fait bien plus désirer par les charmes qu'il voile, que par ceux qu'il expose : la Nature de tems immémorial réalisa cette ceinture, en formant le tablier des Hottentotes ; & Homère en enseigna le pouvoir moral, en imaginant de donner à Vénus la ceinture des Graces. Quoi qu'il en soit, Aspasie disparut ; & loin de dénouer sa ceinture, on n'eut pas même le loisir de la peindre.

Tel est le tableau que je me suis

───────────────

La chaste Diane avoit deux ceintures, *Nec bis cincta Diana placet*, dit Ausone, Epigr. 39. — Il est cependant probable qu'elle les avoit délié toutes deux lorsque Actéon la vit dans son bain, & qu'elle métamorphosa ce prince en cerf, pour le punir sans doute de n'avoir pas été assez téméraire.

formé de la beauté ; l'imagination qui l'a deffiné, s'eft toujours laiffé guider par les faits ; & quand même tous les traits qui le compofent ne conviendroient pas à Afpafie, il n'en rempliroit pas moins le but que je me fuis propofé : ce Peintre Grec qui forma fa Vénus de tous les traits réunis des plus belles courtifannes de fon tems, put faire un tableau infidèle ; mais érigea cependant un monument éternel en l'honneur de la beauté.

Je n'ai point cherché à donner à Afpafie des perfections Métaphyfiques, qui n'ont jamais exifté que dans l'entendement du Philofophe à fyftême : c'eft une femme de ce globe que j'ai voulu peindre, & non une intelligence de Saturne ou de Sirius.

J'aurois pu donner à Afpafie une

taille de trente pieds ; mais cette Afpafie qu'on auroit applaudie dans le roman de Micromégas, ne fçauroit être l'héroïne de la Philofophie de la Nature.

Je me fuis bien gardé auffi de lui donner des fens plus déliés que la méchanique de fon corps ne peut le permettre ; que lui ferviroit d'avoir l'organe du tact porté au dernier degré de fenfibilité, fi la moindre impreffion de l'air fuffifoit pour introduire la douleur dans chacun de fes pores ? lui feroit-il avantageux d'avoir l'ouïe plus fine ? Les fons mélodieux d'une flûte lui paroîtroient alors les éclats redoublés du tonnerre, & elle prendroit le murmure paifible d'un ruiffeau pour le fracas des cataractes de Niagarat.

J'ai donné une idée de la beauté, fans y mettre l'enthoufiafme d'un amant, ni le compas glacé d'un Géomètre; & tels que j'ai peint Alcibiade & Aspasie, ils peuvent encore passer pour le double chef-d'œuvre de la Nature.

CHAPITRE IV.

Paradoxe d'un Ancien, qui n'admettoit dans les Animaux qu'un sexe.

Galien, un des Médecins qui a le plus mérité des hommes dans l'art conjectural de les guérir, avoit une opinion bisarre sur la génération ; il prétendoit qu'originairement tous les êtres n'avoient qu'un sexe ; il avoit consigné cette rêverie dans un Livre qui périt lors de l'embrâsement de Rome sous Néron : l'Abbé Winckelmann, en cherchant de vieilles médailles, trouva un fragment de cet ouvrage ; & le jugeant admirable, non parce qu'il étoit bon en lui-même, mais parce qu'il venoit d'un ancien, il s'occupa à le commenter : le fragment de Galien m'est tombé entre les mains avec le commentaire, & je les ai fondu ensemble pour n'être point diffus dans une question qu'on croira étrangère à la Philosophie de la Nature ; on s'appercevra assez que quelque bisarre que soit une pareille rêverie, il n'est pas aisé de la réfuter.

» Depuis le premier Philosophe
» qui s'est avisé de raisonner dans
» l'ancienne Babylone ou chez les
» Seres jusqu'à nous, on a fait mille
» systêmes différents sur la généra-
» tion primitive des êtres ; & il n'y
» en a pas un qui ait plus d'autorité
» que ces feuilles des Sybilles, que
» nos Prêtres ont recueilli, la plu-

» part peut être sans y croire, afin
» de monter à leur gré les ressorts
» d'une multitude automate.

» Pour résoudre ce problême, il
» faudroit des données ; & grace
» aux préjugés du peuple & à ceux
» des Philosophes, on part d'x pour
» aller à x (a) ; ce sont les axiômes
» énigmatiques de la Chymie, qui
» ne conduisent qu'à la chimère du
» grand-œuvre.

» Ainsi, de ce que la génération
» des animaux ne semble s'opérer
» que par l'union des sexes, les Phy-
» siciens en ont inféré que de toute
» éternité telle avoit été l'unique
» voie de la Nature dans l'organisa-
» tion des êtres : les faits sont venus

(a) X est l'inconnue dans les problêmes d'Algèbre.

» bientôt contrarier cette théorie :
» alors on s'est battu avec acharne-
» ment sur les conséquences du sys-
» tême ; mais personne ne s'est avi-
» sé de porter le flambeau de l'a-
» nalyse sur le principe : c'est ainsi
» que dans l'Inde, où tout le mon-
» de est dans l'idée que la terre est
» portée sur le dos d'une tortue,
» les Sophistes disputent beaucoup
» pour expliquer comment la mar-
» che lente de l'animal aquatique
» peut produire le double mouve-
» ment du globe autour du soleil,
» ou le phénomène singulier du flux
» & du reflux ; mais on est loin de
» soupçonner que la terre pourroit
» bien se soutenir dans le fluide qui
» l'environne, sans l'appui d'une tor-
» tue.

» Combien de doutes un scepti-
» cisme éclairé ne feroit-il pas naître

„ sur les principes fondamentaux de
„ ce système?

„ D'abord il est faux que la Na-
„ ture n'ait qu'une voie pour produi-
„ re ; il n'y a point d'accouplement
„ dans la production des poissons &
„ des mouches éphémères ; le mâle
„ ordinairement, loin de la femel-
„ le, féconde les œufs qu'elle dé-
„ pose, & voilà toutes ses jouissan-
„ ces.

„ Il y a une araignée qui engen-
„ dre par les nœuds de ses anten-
„ nes (*a*), & Swammerdam a vu
„ des insectes chez qui l'odeur du

(*a*) C'est une espèce d'araignée à huit yeux, observée par Lister. — Hist. ani. Angl. tr. I. de Aran. lib. I. — C'est Lyonnet qui le premier a apperçu la maniere bisarre dont elle engendre. *Voyez* Théolog. des Insect. tom. I. pag. 184. not.

» mâle suffisoit pour rendre fertile
» la femelle (a).

» Quel rapport y a-t-il entre une
» noix de galle & le ver qui s'y dé-
» veloppe, pour se métamorphoser
» ensuite en scarabée?

» Comment la Nature a-t-elle ré-
» servé à une chévrette le soin de
» faire éclorre les œufs des soles (b)?
» Pourquoi par l'intermède de la
» chrysalide, la chenille se conver-
» tit-elle en papillon?

» Expliquera-t-on par le système
» vulgaire de l'accouplement la gé-
» nération du puceron, qui enlevé

(a) Bibl. Natur. & note de Lyonnet sur la Théologie des Insectes de Lesser, tom. I. chap. I.

(b) *Voyez* les expériences qu'a faites sur ce sujet M. Deslandes. — Hist. de l'Acad. Royale des Scienc. ann. 1722.

» à sa naissance & renfermé seul sous
» un vase, se fait à soi-même sa
» nombreuse postérité (a)?

» Que dira-t-on de ce ver soli-
» taire qui ne croît que dans les en-
» trailles des animaux, & qui y par-
» vient jusqu'à la longueur de deux
» cents pieds? on n'a jamais pu dé-
» couvrir ni son pere, ni ses en-
» fants; & le scalpel de l'Anatomiste
» s'y est exercé aussi vainement que
» l'imagination du Philosophe.

» Enfin, où est le sexe de l'ani-
» mal microscopique de Leuwen-
» hoeck, qui meurt & se partage
» pour donner la vie à ses descen-
» dants (b); & celui du polybe,

―――――――――――――――――

(a) Tel est du moins le résultat des expériences des Cestoni, des Réaumur & des Leuwenhoeck.

(b) Cet animalcule est de figure ronde;

„ qui se multiplie sous le couteau
„ qui le mutile?

„ C'est moins ce que les Physi-
„ ciens ne sçavent pas, que ce qu'ils
„ sçavent mal, qui les empêche de
„ déchirer le voile derriere lequel tra-
„ vaille la Nature.

„ S'il est jamais démontré qu'un
„ animal se suffit à lui-même pour
„ se reproduire, on en expliquera
„ mieux comment originairement se

& nâge dans l'eau de pluie : quand il a vécu trente heures, il reste sans mouvement; son corps se divise en huit parties, & ces huit membres sont autant d'animaux qui au bout de six secondes se mettent à nâger : au bout de neuf jours, le Naturaliste compta qu'un seul de ces animalcules avoit eu une postérité qui montoit à deux cent soixante-deux mille cent quarante-quatre individus. — *Vide* Leuwenhoeck, Epist. Physiolog. XXIX.

» formerent les êtres organisés ; il y
» a bien moins de difficultés à dé-
» vorer dans ce système, que dans
» celui qui admet essentiellement le
» concours de deux individus : c'est
» ainsi que plus on multiplie les res-
» sorts d'une machine, & moins il
» est aisé de la démontrer.

» Encore une fois, il ne s'agit
» point ici des êtres tels qu'ils sont,
» mais tels qu'ils ont pu être dans
» le berceau des espèces ; le Philo-
» sophe qui dit : cet animal s'or-
» ganise aujourd'hui par la voie des
» sexes, donc il l'a toujours été ;
» raisonne aussi mal que l'Historien
» qui diroit, je ne vois sur les bords
» du Tibre qu'un peuple foible & es-
» clave ; donc Rome n'a jamais été
» habitée par des Romains.

» Les êtres se perfectionnent, &
» quand ils sont parvenus à un cer-

» tain période d'amélioration, on a
» de la peine à reconnoître l'em-
» preinte de leur foiblesse origi-
» nelle.

» Les êtres dégénerent, & quand
» ils ont atteint un certain point de
» détérioriation, on voit s'effacer
» le type primitif qui les caracté-
» rise.

» Le mêlange des êtres perfec-
» tionnés avec des êtres qui se dété-
» riorent, rend encore plus compli-
» quée l'intrigue du grand drame
» que joue la Nature sur la scène de
» l'Univers.

» Comment suivre le fil de la
» Nature au travers de ce dédale de
» variations ? confondrons-nous cet
» Asiatique qui paroît l'homme dans
» l'état de puberté, avec cet Albi-
» nos qui ne paroît que l'homme au
» berceau : parmi les peuples mêmes

» qui semblent avoir un caractère
» physique décidé, combien ce mê-
» lange de races qui se croisent, ne
» défigure-t-il pas l'ouvrage primi-
» tif de la Nature ? cet Espagnol
» moderne, tour-à-tour conquis par
» les Maures, & conquérant du
» Nouveau-Monde, à force de mê-
» ler son sang avec celui des nègres,
» des métis & des sauvages cendrés,
» bronzés & olivâtres, ressemble-
» t-il encore à l'Espagnol Abori-
» gène ?

» Je me suis écarté un instant
» de la question sur les sexes, &
» l'Espagnol m'y ramène : que di-
» roit-on si je prouvois que les ma-
» chines animales, les plus perfec-
» tionnées, n'admettent pas essen-
» tiellement deux sexes : je me trom-
» pe, mes preuves sont des doutes
» raisonnés ; je ne demande pas qu'on

» adhère à mon système, mais qu'on
» l'examine.

» Au reste, Zénon, Aristote &
» Epicure ont bien fait chacun un
» monde à leur façon ; pourquoi ne
» ferois-je pas aussi le mien ? Je n'ai
» pas leurs talents, il est vrai ; mais
» aussi je n'ai pas leurs préjugés.

» Si l'homme est le chef-d'œuvre
» de la Nature, c'est dans la fleur
» de l'adolescence ; mais alors on
» doute à quel sexe il appartient :
» & si victime du luxe Asiatique, il
» perd alors l'organe de la virilité,
» il prend presque tous les caractè-
» res physiques & moraux de la fem-
» me (a) : il adopte sa beauté, sa

_____

(a) Par exemple, son sang devient plus
aqueux, sa chair moins compacte & ses
membres plus arrondis : incapable aussi de
toute espèce d'énergie dans le caractère, il

» voix, son tempérament & jusqu'à
» sa pusillanimité.

» Il est faux que la Nature suive
» dans la production des sexes des
» loix invariables : on voit tous les
» jours des individus qu'on appelle
» hommes, qui sont sans barbe,
» dont la peau est douce & qui chan-
» tent en dessus : d'un autre côté,
» il n'est pas rare de rencontrer des
» individus qu'on appelle femmes,
» & qui ont de la barbe, une peau
» à tissu serré & une voix de basse-
» taille : ce ne seroit qu'en faisant
» revivre l'infâme usage des con-
» grès qu'on pourroit vérifier leur
» sexe, & peut-être qu'alors les ma-
» trones hésiteroient encore.

───────────────

vit & meurt obscur, sans avoir fait de grandes actions, ni pû commettre de grands crimes.

» Quels font, fuivant les Ana-
» tomiftes, les caractères définitifs
» de la femme, outre les parties
» fexuelles ? c'eft la privation de la
» barbe, l'éruption menftruelle &
» la formation du lait dans les mam-
» melles. Examinons à part tous les
» Chapitres de ce Roman Philofo-
» phique.

» La barbe d'abord n'eft point ef-
» fentiellement un attribut viril :
» des peuples entiers, tels que les
» habitants du Nouveau-Monde en
» font dépourvus ; cependant un
» Américain imberbe eft pere auffi-
» bien que le Métaphyficien barbu,
» qui fait des fyftêmes pour contre-
» dire la Nature.

» De plus, on a tort d'avancer
» que les femmes font fans barbe :
» elles en ont toutes ; mais c'eft un
» poil follet qu'on ne peut apperce-

» voir qu'au microscope : s'il reste
» tel, c'est parce que ses racines sont
» trop petites pour prendre la quan-
» tité de nourriture suffisante à leur
» accroissement. Il y en a cependant
» qui, à cet égard, different peu des
» hommes, & alors elles sont obli-
» gées de se faire raser (a).

» L'éruption menstruelle est plus
» rare chez les hommes : cependant
» il y en a des exemples ; j'ai lu dans
» Zacutus Lusitanus, l'histoire d'un
» homme qui tous les mois éprou-
» voit, durant quelques jours, cette
» étrange hémorrhagie : le Journal
» de Médécine fait aussi mention
» d'un Berger qui à cet égard étoit
» femme ; & ce qu'il y a de plus

(a) Ce fait est attesté par un Médecin célèbre. — *Voyez* Physiologie de Dusieu, tom. 2. pag. 571.

» extraordinaire,

„ extraordinaire, c'eſt que ſon pere,
„ ſa sœur & quinze de ſes freres
„ ſubiſſoient périodiquement la mê-
„ me évacuation (*a*).

„ Le lait eſt une émulſion ani-
„ male, qui originairement appar-
„ tient aux deux ſexes : l'anaſtomoſe
„ des artères épigaſtriques & mam-
„ maires annonce que c'eſt lui ſeul
„ qui cauſe le gonflement de la gor-
„ ge dans les femmes (*b*) : il produi-

(*a*) Journal de Médecine, Tom. V.
pag. 280.

(*b*) Ceci eſt vrai, ſoit qu'elles ſoient
vierges, ſoit qu'elles ſoient meres ; auſſi
quelques Phyſiciens ont eu tort d'avancer
que le lait n'étoit qu'un aliment, qui commençoit à ſe préparer dans la femelle quand
elle avoit conçu, & que la Nature deſti-
noit à la nourriture de l'animal qui devoit
naître : on a répondu à ces Sophiſtes par un

» roit le même effet dans celle des
» hommes si leur tempérament étoit
» plus humide, si leur chair étoit
» moins compacte & leurs vaisseaux
» plus ouverts : au reste, les Mé-
» moires des Académies font sou-
» vent mention d'hommes qui don-
» nent à tetter (*a*) : dans les provinces
» du Sud de l'Amérique les hommes
» seuls, avant la conquête, allai-
» toient leurs enfants (*b*). De plus,

---

fait sans réplique, c'est qu'il n'y a presqu'aucune fille qui ne devînt nourrice si elle
se faisoit tetter.

(*a*) *Voyez sur-tout* Transactions Philosophiques, ann. 1741.

(*b*) Ceux qui ont voyagé en Amérique,
dit le Naturaliste Jonston, racontent que
presque tous les hommes y ont abondam-
ment du lait dans leurs mammelles : *Qui
novum perlustrarunt orbem, narrant viros
pene omnes maximâ lactis abundare copiâ.*

» personne n'ignore que les enfans
» mâles naissent par-tout avec du lait
» dans leurs mammelles : je ne crois
» pas qu'on doive l'attribuer simple-
» ment à l'humidité dans laquelle
» l'embrion a nagé sous les envelop-
» pes de l'utérus : il est plus probable
» que les deux sexes sont originaire-
» ment égaux, & que les prétendus
» caractères distinctifs de la femme

―― Vide *Thomatograph.* Art. *De sanguine Menstr. pag.* 464.

Ce fait singulier est encore plus constaté dans le Brésil. ― *Voyez* Recherch. Histor. pag. 372.

Aujourd'hui ces phénomènes sont plus rares dans le Nouveau-Monde, parce que les peuples indigenes ont été exterminés par les conquérants & les inquisiteurs; & que le peu qui en reste, en mêlant son sang avec celui des Européens, a fait disparoître peu-à-peu cette distinction originelle.

„ sont plutôt dans l'imagination des
„ Sophistes que dans les plans de la
„ Nature.

„ Si le lait n'appartenoit essen-
„ tiellement qu'à la femme, pour-
„ quoi l'homme auroit-il des mam-
„ melles ? dira-t-on que la Nature
„ a agi sans dessein, & que c'est par
„ méprise qu'elle a pourvu les mâles
„ de ces faux organes ? ce n'est pas
„ un bon moyen pour mériter d'être
„ l'interprète de la Nature, que de
„ commencer par la blasphêmer.

„ Plus j'avance dans l'analyse du
„ corps humain, & plus mes doutes
„ se changent en certitude : suivant
„ les Littre, les Winslow & les Buf-
„ fon, la semence des sexes est exac-
„ tement semblable : elle contient
„ les mêmes molécules, & subit les
„ mêmes métamorphoses.

„ L'homme & la femme ont en-

» tr'eux l'analogie la plus grande par
» rapport aux organes de la généra-
» tion ; les mêmes vaisseaux servent
» de réservoir à la liqueur sémina-
» le, & les mêmes muscles entre-
» tiennent les viscères dans l'érétif-
» me : ce rapport est si parfait pour
» ceux qui se laissent guider par le
» scalpel de l'Anatomie & par la lu-
» miere de la raison, qu'il faut en
» conclure que l'unique différence
» des deux sexes se trouve dans le
» renversement de l'organe généra-
» teur : c'est la froideur du tempéra-
» ment qui retient ce viscère dans le
» corps de l'individu le plus foible ;
» ainsi dans le sens physique, la
» femme n'est qu'un homme impar-
» fait (*a*).

───────────────

(*a*) Ce Traité n'est point un Livre d'A-

» A l'appui de cette théorie vien-
» nent divers faits qu'on regarde

natomie, destiné à n'être parcouru que par les Gens de l'Art ; il ne faut donc point que l'œil de l'innocence s'allarme à sa lecture. Je vais traduire en Latin un article de ce fragment, encore y mettrai-je cette indifférence Philosophique, qui écarte tous les tableaux capables d'embrâser l'imagination ; j'écrirai dans la langue de Pétrone, mais non avec sa plume.

Ex Malpighianis experientiis patet vesiculas in muliebribus testiculis inclusas non esse ova, sed in eis naturam congessisse lympham generatricem, ut à masculorum testiculis non dissentirent.

Prætereà inest feminino pudendo corpus rotundum & oblongum, cui nomen clitoris & quod hominis penem cum testiculis, tam apprimè mentitur, ut aliquoties sexus non dignosci possit : clitoridi adduntur canales, musculi erectores, glans & præputium : voluptas his partibus sedet, unde astrum veneris aliquando nuncupantur ; regium olim invisens plantarum

» comme singuliers ; mais qui ne
» doivent peut-être leur singularité
» qu'à notre ignorance : Montagne
» dit avoir vu un Pâtre de Médoc,
» âgé de trente ans, qui n'avoit au-

---

hortum, vidi unam & alteram phialam geminos fœtus continentem, in quibus observandi clitorides tanta magnitudinis, ut mentulas exiles inter pedes repræsentarent.

Galieni sententiæ pene arridet eruditus Daubenton, qui sagacibus argumentis comprobavit viro matrice instricto non mentulam fore sed clitoridem, & mulieri matrice orbæ non clitoridem fore sed mentulam. — Vide Hist. Natur. Buffonii, edit. in-12. Tom. V. pag. 162. &c.

Enfin, on répondra à M. Daubenton lui-même, qui avoue que la matrice est le seul caractère distinctif de la femme, que ce viscère dans l'homme est représenté par le scrotum. — La Nature a donc rendu parfaite, je ne dis pas l'analogie des deux sexes, mais leur ressemblance.

» cune partie sexuelle : cependant
» un mouvement inconnu l'entraî-
» noit à la jouissance des femmes (*a*).
» Voilà peut-être la premiere ébau-
» che de la Nature dans la produc-
» tion de l'homme.

» D'un autre côté, on a vu de
» tout tems des femmes privées de
» la matrice, & de toute espèce d'or-
» gane générateur : La Mettrie qui
» n'a guères menti, que quand il a
» voulu anéantir la Divinité, con-
» noissoit une femme de Gand ainsi
» organisée ; & à qui les loix ôte-
» rent son époux après dix ans de
» mariage (*b*). L'instinct qui la

(*a*) Essais de Montagne, Tom. 6. Liv. 2. Ch. 30.

(*b*) Œuvres Philosophiques de la Mettrie, édit. in-4. pag. 36. — Ce fait a été certifié par le Comte d'Hérouville, & par

» portoit à rechercher les hommes,
» est le seul caractère qui a pu
» faire soupçonner son sexe ; & qui
» sçait si un pareil être n'est pas
» la premiere ébauche de la Na-
» ture dans la production de la fem-
» me ?

» Voilà encore pourquoi dans tous
» les siècles, & chez tous les peu-
» ples, il y a eu toujours un si grand
» nombre d'hermaphrodites : les
» magistrats d'Athènes & de Rome
» avoient beau faire précipiter dans
» la mer des êtres ainsi organisés :
» la Nature suivoit sa marche mal-
» gré la tyrannie des hommes, &
» les législateurs barbares donnoient

---

tous les Médecins & les Chirurgiens de Gand.

D v

» malgré eux la naissance à des her-
» maphrodites.

» On a plaisanté Platon pour avoir
» dit que nous avions en nous la fa-
» culté de devenir d'un sexe ou d'un
» autre, & que nous étions herma-
» phrodites en puissance ; mais c'est
» la ressource des petits esprits de
» plaisanter l'homme de génie, à
» qui ils ne peuvent répondre.

» Qu'on ne s'imagine pas avoir
» expliqué tous ces faits, en disant
» que la Nature se joue dans ses pro-
» ductions. — Stupide blasphêma-
» teur, oses-tu bien appeller un jeu
» ce qui est au-dessus de ton intel-
» ligence ? La Nature ne connoît
» point tes bisarreries & tes capri-
» ces ; s'il lui arrivoit de se jouer
» un instant de ses loix éternelles,
» les mondes cesseroient de gravi-
» ter les uns sur les autres, & tout

» mèneroit à l'athéisme le Philo-
» sophe de la Nature (*a*).

───────────

(*a*) C'étoit un beau génie que Montagne ! Voyez comme il a répondu, il y a deux cens ans, aux Modernes détracteurs de la Nature.

» Ce que nous appellons monstres ne l'est
» pas pour Dieu, qui voit dans l'immensité
» de son ouvrage l'infinité des formes qu'il
» y a comprises ; & il est à croire que cette
» figure qui nous étonne, se rapporte &
» tient à quelque figure de même genre &
» inconnu à l'homme : de sa sagesse il ne
» part rien que de bon & de réglé ; mais
» nous n'en voyons pas l'assortiment & le
» rapport. — *Quod crebro videt non mira-*
» *ratur, etiamsi cur fiat nescit : quod ante*
» *non vidit, id, si evenerit, portentum esse*
» *censet.* — *Cicer. de Divin. Lib.* 2. — Nous
» appellons donc contre-nature ce qui ar-
» rive contre la coutume ; mais rien n'est que
» selon elle, quel qu'il soit. — Essais de
Montagne, Tom. 6. petit. édit. pag. 150.

» Pour moi, l'ami & le médecin
» de Marc-Aurèle, qui ai étudié
» tous les fyftêmes, & qui n'en
» époufe aucun; je fuis trop philo-
» fophe pour ne pas foumettre mon
» opinion au jugement de l'homme
» de bien, qui, comme moi, croit
» en Dieu, & tâche, en filence,
» d'interpréter les oracles de la Na-
» ture. «

Ce fragment de Galien, ainfi lié avec le commentaire de Winckelmann, forme une rêverie Philofophique qui peut obtenir dans l'Hiftoire Naturelle le même rang que quelques ouvrages de Platon & de l'Abbé de Saint-Pierre ont obtenu en politique & en morale : plus heureux que ce grand homme, nous avons la Cofmogonie de Moyfe qui réfout le problême, & nous délivre de l'embarras du fcepticifme.

CHAPITRE V.

De l'Hermaphrodisme.

Je ne fais pas un pas dans la carriere de la Philosophie, sans m'appercevoir que mes anciennes connoissances ne sont que de vieilles erreurs que les siècles ont consacrées; & que tout le tems que j'ai employé à feuilleter les ouvrages des hommes, a été perdu pour l'étude du Livre de la Nature.

J'ai sucé, pendant un grand nombre d'années, le lait de nos modernes Physiciens; c'est alors que je regardois l'hermaphrodisme comme une chimère, & je ne manquois pas de sophismes, soit pour infirmer la théorie naturelle sur ces êtres, soit pour jetter des doutes jusques sur les expériences.

A force d'étudier la grande chaîne des êtres, je me suis apperçu que la Nature ne faisoit point de classes, & ne formoit que des individus : dès-lors le rideau qui me voiloit ses opérations s'est entr'ouvert ; j'ai appris à voir les phénomènes avant de les juger, & j'ai cru aux hermaphrodites.

ARTICLE I.

*De l'exiſtence des Hermaphro-
dites.*

Quand je jette un coup-d'œil général ſur les corps animés, je m'apperçois que le globe eſt peuplé d'hermaphrodites : il y en a un nombre prodigieux parmi les végétaux ; par exemple, les fleurs qui n'ont qu'un ſexe ſont infiniment plus rares que celles qui réuniſſent dans la même corolle les piſtils & les étamines.

Je fais la même obſervation en remontant quelques degrés de la grande échelle des êtres : il y a des animaux, ſoit ovipares, ſoit vivipares, qui produiſent ſeuls ſans le concours d'un autre individu, tel est le puceron parmi les infectes, & le conque parmi les coquillages.

Le Nature a même pris foin dans ces claffes fubalternes de varier l'hermaphrodifme : le limaçon qui réunit les deux fexes dans le même organe, ne peut fe féconder lui-même; il n'en eft pas de même de quelques plantes bifexes, telles que le jafmin, le tithimale & la perficaire, qui réalifent la fiction ingénieufe de Platon fur les androgynes.

Il faut bien ranger auffi parmi ces hermaphrodites les végétaux que l'on greffe, & où on réunit deux, dix & vingt êtres pour en former un; & cet infecte qu'on partage en deux, dix & vingt morceaux pour en former autant d'individus.

L'hermaphrodite humain eft un peu plus rare, parce que notre corps eft une machine bien plus compliquée que celui des plantes & des coquillages : cependant il exiſte & on feroit un volume très-gros ſi on raſſembloit tous les témoignages des Sçavants ſur l'exiſtence de ces individus penſants qui réuniſſent parfaitement ou imparfaitement les deux ſexes : les Hiſtoriens de tous les peuples en ont parlé, auſſi-bien que leurs Poëtes & leurs Théologiens ; & il faut brûler tous les Livres anciens & modernes, ou avouer que la Nature fait des hermaphrodites, ſur-tout dans les pays chauds, comme elle fait des nains en Laponie & des géants aux Terres Magellaniques.

Il y a eu des loix dans la Grèce & à Rome pour rayer de la ſociété les androgynes ; & les Anciens ne faiſoient guères de loix contre des êtres de raiſon, comme nos peres en ont fait contre les ſorciers.

C'eſt ſur-tout dans les climats chauds qu'on voit beaucoup d'hermaphrodites ; Chardin, qui eſt du petit nombre des voyageurs Philoſophes, prétend qu'il en naît plus en un an à Surate, qu'en un demi-ſiècle dans les Etats du Nord ; ils ſont mêmes ſi communs dans cette ville de l'Inde, que la loi, pour les faire reconnoître, les oblige à adopter des robes de femme, & à ſe coëffer d'un turban. Quelques-uns de leurs compatriotes les regardent comme des êtres ſacrés à qui il faut rendre hommage, & d'autres comme des monſtres qui ne ſont bons qu'à être étouffés ; pour le Philoſophe, il n'en fait ni des dieux, ni des monſtres, il en fait des hommes.

Par une singularité assez difficile à expliquer, il se trouve que dans la Floride, climat du Nouveau-Monde qui correspond à-peu-près aux mêmes parallèles que le Mogolistan, il y a eu aussi un nombre prodigieux d'hermaphrodites ; toutes les relations des voyageurs se réunissent en ce point ; & avant la conquête du pays par les Européens, le peuple libre qui l'habitoit condamnoit à la servitude les hommes ainsi organisés (*a*) ; ainsi les hermaphrodites étoient dans la Floride, ce que furent autrefois les ilotes à Lacédémone.

Je sçais que l'existence des andro-

(*a*) *Abundat Floridia Hermaphroditis quorum servili operâ mancipiorum jumentorum que loco utuntur ircola.* — *Hist. Ind. Occ. Aut. Jasp. d'Ens, Lib.* 2. *pag.* 163.

gynes Américains a été niée par le Jésuite Laffiteau ; mais on fçait que ce Pere Laffiteau, fans être auffi fçavant que fon confrere Hardouin, a cherché, comme lui, la célébrité dans les paradoxes ; par exemple, il dit de ce grand nombre d'hommes habillés en femmes qu'on a trouvé dans la Floride, dans la Louifiane & chez les Illinois, que ce font des Prêtres de Vénus-Uranie, dont les Cariens ont apporté le culte dans le Nouveau-Monde. Pour détruire un fait, voilà bien des hypothèfes.

D'abord on fuppofe que les androgynes de la Floride étoient des prêtres ; & les Voyageurs n'en font que de vils efclaves.

Les prêtres de Vénus-Uranie, comme ceux de Cybèle s'habilloient en femmes, parce qu'ils étoient eunuques ; mais certainement, avant la conquête du Nouveau-Monde, il n'étoit venu dans l'esprit d'aucun Indien de se mutiler à la façon de Combabus & d'Origène.

Voilà un beau motif pour faire peupler l'Amérique par une colonie Grecque, que de trouver un rapport d'étymologie entre le mot de Carien & celui de Caraïbe.

L'hypothèse de Laffiteau sur les hermaphrodites de la Floride n'est qu'absurde ; celle de son confrere Charlevoix est de plus atroce : ce Jésuite suppose que les esclaves Floridiens qui s'habillent avec l'alconand des Indiennes, sont les Ganymèdes des Caciques : comme si le dernier période de la dépravation humaine étoit compatible avec la vie active des sauvages ! comme s'il étoit possible qu'on portât un habillement particulier pour désigner qu'on fait métier d'outrager la Nature.

Mon indignation s'allume & des larmes de sang sont prêtes à couler sur ce papier, quand je vois avec quelle férocité on a subjugué les indigenes du Nouveau-Monde, & avec quelle noirceur réfléchie on a écrit leur histoire : on a commencé par exterminer les possesseurs légitimes d'un vaste continent, & on a dit ensuite à leurs fils, en les rendant esclaves, que leurs peres étoient des Sodomites.

Malgré l'absurdité des conjectures étymologiques de Laffiteau & l'atrocité des hypothèses fanatiques de Charlevoix, il y a donc eu un grand nombre d'hermaphrodites dans la Floride; & puisqu'ils y formoient un corps de peuple, il faut en conclure qu'il y a loin d'un monstre à un hermaphrodite.

ARTICLE II.

Des diverses classes d'Hermaphrodites.

Puisqu'il y a des variétés dans l'espèce humaine, qui naissent de la teinte diverse des couleurs, il doit y en avoir aussi que produit la différente configuration des organes sexuels.

Je ne voudrois pas qu'on mît au rang des androgynes ces hommes qui ont l'organe générateur caché dans l'abdomen, & dont un mouvement violent trahit le sexe longtems après l'âge de puberté : tel fut le prétendu hermaphrodite de Cayette, qui fut quatorze ans la femme stérile d'un pêcheur, & qui dans la suite rendit grosse une religieuse ; tel est encore ce jeune époux, dont parle Zacutus Lusitanus (*a*), qui se croyoit fille, & qui ayant eu recours au scalpel d'un Chirurgien, pour se mettre en état de concevoir, devînt homme tout-à-coup, & remercia la Nature de sa métamorphose.

Les hermaphrodites les plus communs dans notre zône tempérée, sont ceux qui avec un sexe dominant ont une ébauche informe de l'autre : l'individu qui peut faire usage de l'organe générateur est alors un homme hermaphrodite, & celui qui peut concevoir est une femme hermaphrodite.

(*a*) Observ. pag. 118.

La seconde classe est formée de ces êtres stériles qui ayant le double organe dans le même degré d'imperfection, ne peuvent ni engendrer, ni concevoir ; tel fut celui qu'on montra à Paris, en 1751 ; & le nègre, dont les papiers de Londres donnerent, il y a quelques années, la description : tous deux avoient une voix de basse-taille, le corps velu, & une égale foiblesse dans les deux organes sexuels : la laideur étonnante de ces deux individus les empêchoit d'inspirer du plaisir, l'imperfection de leurs organes de le goûter.

Je pense aussi qu'il faut ranger dans cette classe ce Grandjean dont l'hermaphrodisme occupa Paris, il y a quelques années : cet être malheureux avoit été baptisé à Grenoble comme fille, se maria à Chambéri comme garçon, fut condamné à Lyon, comme profanateur du mariage, & enfin abfous de tout délit en ce genre par le parlement de Paris : il réfulte du fage Mémoire de Vermeil pour fa défenfe, que tout l'être de cet androgyne étoit un mélange des deux fexes dans un égal degré d'imperfection, & qu'il étoit condamné par la Nature à mourir fans poftérité.

Un vrai Hermaphrodite eſt celui dont parle Schenck dans fes Obfervations, & qui pouvoit devenir en même-tems pere & mere (*a*). Je mets dans ce rang les androgynes de Surate, & ceux de la Floride ; & je

---

(*a*) *Viro nupferat cui filios aliquot & filias peperit : nihilominùs tamen ancillas comprimere & in his generare folebat.*

crois le phénomène possible sans en attester cependant l'existence, jusqu'à ce qu'il ait été examiné avec scrupule par l'œil du Philosophe.

Le plus parfait des hermaphrodites seroit celui qui pouvant s'unir avec succès à un homme & à une femme, pourroit encore engendrer seul par l'union des deux sexes qu'il posséderoit ; Molinet cite un fait semblable (*a*); & l'Auteur anonyme de la *Chronique scandaleuse de Louis XI*, parle aussi d'un Moine, qui, en 1478, mit au jour un enfant dont il étoit le pere (*b*). Malheureusement ces Auteurs n'ont aucune autorité parmi les Philosophes, & la force de leurs assertions

---

(*a*) *Voyez* Les Dits & Faits, pag. 174.
(*b*) Pap. 303.

ne sçauroit me guérir de mon scepticisme.

Un fait de ce genre bien plus autentique est celui que fournit la dissection du cadavre d'un nommé Dupin, mort en 1754, âgé de dix-huit ans, à l'Hôtel-Dieu de Paris : M. Varocler, alors Aide-Major de cet Hôpital, surpris du volume de sa gorge, l'examina avec plus d'attention ; & trouva dans ce sujet les deux sexes réunis quant à l'organisation intérieure, & quant à l'extérieure (*a*). Le Physicien qui a abré-

___

(*a*) Il est difficile de révoquer en doute ce fait : on eut soin de présenter à l'Académie Royale de Chirurgie les organes sexuels du cadavre disséqués, aussi-bien que le dessin qu'en tira M. Pomard ; ce monument existe encore, & dépose en faveur de nos conjectures Philosophiques.

gé les Mémoires de l'Académie des Sciences de Berlin, dit fur ce fujet qu'il y a une forte de poſſibilité à ce que le jeune Dupin pût ſe féconder lui-même fans le fecours d'un autre individu (*a*). — Ce qui eſt poſſible dans notre Zône tempérée, s'exécute peut-être réellement dans ces climats embrâſés où le foleil femble fournir à l'homme une furabondance de principes générateurs ; & en effet il eſt probable que s'il y a quelque lieu fur ce globe, où l'homme ſe fuffiſe à lui-même : c'eſt dans ces vaſtes déſerts de l'Afrique que le feu dévore en filence, & qui ſemblent à jamais inacceſſibles à un ſexe timide

---

(*b*) Mém. de l'Acad. de Pruſſe, rédigés par M. Paul, Tom. VII. — Appendix, pag. 155.

E iij

à cause du ciel & des tigres qui se réunissent à en faire le tombeau de la Nature.

ARTICLE III.

De l'intolérance des Législateurs à l'égard des Hermaphrodites.

C'est un monument éternel de la démence des anciens législateurs, que la férocité avec laquelle ils ont traité les hermaphrodites : ils ont fait une conspiration générale pour les anéantir, comme les insulaires qui nous avoisinent ont fait des chasses pour exterminer tous les loups de la Grande-Bretagne.

Dans la Grèce on étouffoit les androgynes comme des êtres contrefaits, dont l'organisation bisarre faisoit honte à la Nature.

Romulus ayant donné un édit pour purger sa ville naissante des monstres nés & à naître (*a*), on en prit occasion dans la suite de massacrer les hermaphrodites ; car les Augures en firent des monstres avant que les Philosophes eussent décidé s'il y a des monstres (*b*).

―――――――――

(*a*) *Monstruosos partus quisque sine fraude cædito*, Article XV des vingt-deux Loix gravées sur une table de bronze qu'on conserve au Capitole, & connu sous le nom du *Double Décalogue de Romulus*.

(*b*) Ceci fait allusion à un évènement atroce arrivé à Rome, sous le consulat de Livius & de Néron : un androgyne étant né dans cette capitale, les Magistrats firent venir des Aruspices étrangers pour les consulter sur ce phénomène. Les Charlatans sacrés de la Toscane ne manquerent pas de répondre que cette naissance étoit un prodige funeste qu'il falloit expier ; & sur cette ré-

Dans les siècles de barbarie, qui caractérisent le berceau des gouvernements modernes, on a chargé les androgynes d'anathêmes, comme s'il étoit en leur pouvoir de ne naître qu'avec un sexe; & on les a exorcisé, comme si on ne pouvoit réunir deux organes générateurs sans être moitié homme & moitié diable.

Ce fanatisme des Européens s'est rencontré aussi dans le Nouveau-Monde ; nous avons vu que les Caciques de la Floride rendoient escla-

────────

ponse absurde & atroce, le Sénat fit renfermer l'enfant dans un coffre, & on précipita le tout dans la mer. — *Id vero Aruspices ex Etruriâ acciti fœdum ac turpe prodigium dixere : extorrem agro Romano procul terræ contactu alto mergendum vivum in arcam condidere, provectumque in mare projecerunt.* — *Tit. Liv. Lib. XXI.*

ves les hermaphrodites : les Mexicains, encore plus barbares, les dévouoient à la mort.

Je voudrois bien fçavoir de quel principe font partis les Légiflateurs des deux mondes, pour traiter en fcélérats des êtres qui avoient le malheur de n'être pas organifés comme eux.

Vouloit-on les punir de ce qu'ils n'étoient que des individus de l'efpece humaine imparfaits ? mais on n'eft pas plus coupable envers fa patrie, parce qu'on vient au jour avec un double organe, que parce qu'on naît privé d'un organe ; & l'hermaphrodite n'eft pas plus un infracteur des loix fociales qu'un aveugle né.

De plus, qui a dit aux Légiflateurs que l'hermaphrodite eft un être imparfait ? une furabondance de principes générateurs ne fait pas plus un être mal organisé qu'une surabondance de sucs vitaux ; & l'hermaphrodite qui a deux sexes me semble encore moins disgracié de la nature que le géant qui a douze pieds.

Sans doute que les descendants des Lycurgues, des Romulus & des Montézuma ne lisoient guères Platon ; ce Philosophe, dont le génie étoit si grand & l'ame si belle, prétendoit que dans l'âge d'or les hommes étoient androgynes, & qu'actuellement les êtres intelligents qui n'ont qu'un sexe, ne sont que des hommes dégénérés (*a*).

―――――――――――――

(*a*) Je suis bien loin de juger d'une classe de l'espèce humaine par une statue ; mais j'en appelle aux Amateurs qui ont vu l'hermaphrodite de la vigne Borghèse, qu'on

Il y auroit peut-être moins de démence aux Législateurs de punir les hermaphrodites d'être nés plus heureusement que le reste des hommes : leurs loix de sang rentreroient alors dans la classe ordinaire des institutions civiles dictées presque par-tout par l'amour propre blessé, ou qui craint de l'être, & il en seroit du code contre les hermaphrodites comme de la loi Républicaine, qui condamnoit le libérateur de la patrie à l'ostracisme.

---

croit un ouvrage de Polyclès : il est difficile de voir un composé plus voluptueux des graces d'un sexe & de la vigueur de l'autre ; si le Statuaire n'a point travaillé sur un modèle, il faut que son imagination se soit échauffée par la lecture de Platon : cette statue, au reste, représente plutôt un être parfait qu'un être dégénéré.

Si quelqu'un de ces Législateurs barbares a raisonné un moment, il est probable qu'il aura fait ce sophisme : tout être qui se suffit à lui-même n'est point enchaîné par la nature à la société : or, l'androgyne qui peut jouir tout seul, se suffit à lui-même ; donc il ne sauroit devenir membre de la société ; donc les loix sociales doivent l'exterminer, comme la faulx extermine les plantes parasites qui dégradent un jardin.

Si ma foible voix pouvoit se faire entendre dans les tombeaux de ces Législateurs, qui ont tant abusé du raisonnement & de la raison ; voici quelle seroit ma réponse à leur syllogisme.

Qui vous a dit que l'homme qui se suffit à lui-même, est l'ennemi né de la société ? pourquoi donc vos Philosophes, qui travaillent à la persection de l'espèce humaine, cherchent-ils à circonscrire le cercle de leurs besoins ? Dieu se suffit à lui-même ; irez-vous blasphémer son nom, parce qu'il n'a pas besoin de nous, & exterminer les sages, parce qu'ils n'ont besoin que de lui ?

L'androgyne ne se suffit à lui-même que dans l'acte voluptueux de la génération, mais les célibataires dont fourmillent vos états, par quels nœuds tiennent-ils à la société ? font-ils des citoyens à la patrie, comme ces êtres que vous supposez de parfaits androgynes ? irez-vous donc pour être conséquents massacrer tous les Prêtres de Cibèle, parce qu'ils se font eunuques ; & la plupart de vos riches célibataires, parce qu'ils se serviroient de l'organe générateur pour outrager la Nature ?

L'hermaphrodite est, dites-vous,

un être surabondant ; & qui vous a donné le droit de corriger le cours de la nature ? par quelle affreuse logique, sur-tout, confondez-vous les plantes parasites d'un jardin, avec les plantes qui vous empoisonnent.

O Lycurgue, ô Romulus, ô Montézuma, songez que pour avoir le droit de donner des loix à ses égaux, il ne faut être ni petit, ni vain, ni jaloux ; laissez-vous éclairer par le Philosophe qui se suffit à lui-même & ne maltraitez pas l'individu heureusement organisé, qui n'a pas besoin de vos institutions ; distinguez l'être inutile de l'être malfaisant, corrigez les coupables sans les exterminer, & respectez les hermaphrodites.

ARTICLE IV.

Code de morale pour les Hermaphrodites.

Si l'hermaphrodite eſt un mêlange des deux ſexes dans un égal degré d'imperfection, il eſt condamné par la nature à un célibat éternel, la loi doit le regarder comme un vieil enfant, & d'ordinaire l'hermaphrodite qui eſt enfant par ſes organes générateurs, l'eſt auſſi par ſon intelligence.

Quand l'androgyne n'a qu'un de ſes organes parfait, il doit adopter le ſexe qui domine en lui, & en prendre l'habit & les mœurs; ſinon il mérite d'être puni pour avoir trompé ses concitoyens & trahi la nature.

La peine au reste d'un pareil délit doit être dans l'opprobre plutôt que dans les supplices ; un Annaliste Anglois rapporte qu'un hermaphrodite d'Ecosse, qui s'étoit déclaré fille, ayant rendu mere une demoiselle, fut condamné à être enterré tout vivant, comme la vestale de Rome qui laissoit éteindre son feu ou perdre sa virginité; je crois que la sentence dès Juges a plus outragé la nature que le crime de l'hermaphrodite.

Un véritable androgyne, comme je l'ait déja dit, seroit celui qui pourroit engendrer avec une femme & concevoir avec un homme : des êtres ainsi organisés sont infiniment rares : il y en a cependant; du temps de Pline, les grands Seigneurs de

Rome en faisoient un usage infâme, & on les comptoit alors parmi le dernier rafinement de ce luxe dépravé qui flétrit la nature (a).

De pareils hermaphrodites doivent avoir des mœurs; mais est-il démontré que ce soient les nôtres?

L'hermaphrodite peut représenter que la variété de ses desirs prouve celle de ses besoins, qu'il n'est point coupable envers la société en réunissant en lui seul les fonctions de pere & de mere; & que, puisque le Ciel lui a accordé les deux sexes, il lui a enjoint tacitement d'en remplir les devoirs.

(a) *Gignuntur & utriusque sexus quos hermaphroditas vocamus, olim androgynos vocatos; & in prodigiis habitos, nunc vero in deliciis.* Plin. Hist. Natur. Lib. VIII. cap. 3.

Malgré la justesse de ce raisonnement, qu'il est bien plus aisé de tourner en ridicule que de réfuter, les Législateurs font peut-être bien d'imposer à ces hommes-femmes la nécessité de choisir un sexe, & de s'y arrêter; l'abus avec une pareille organisation est si près de l'usage! La décence, sans laquelle il n'est point de société, est si fort blessée par la double union de l'androgyne, que dans un pareil cas il y auroit peut-être plus d'inconvénient à suivre l'instinct de la nature qu'à la contredire.

Il n'y a peut-être qu'un moyen de satisfaire à la fois le cri de la décence, l'instinct de la nature & les besoins de l'hermaphrodite : c'est de faire épouser à l'androgyne un être qui lui ressemble.

Quant au parfait hermaphrodite,

c'est-à-dire, à celui qui pourroit se féconder lui-même, & devenir pere & mere sans le concours d'aucun individu ; si jamais cet être extraordinaire existe, je lui conseille de ne pas attendre que des Législateurs petits & jaloux le bannissent de la société : puisse-t-il, tranquille dans une isle déserte que lui seul aura peuplée, bénir l'Etre suprême de ce qu'il se suffit à lui-même, & consoler sa postérité de l'exil éternel où elle se condamne en lui lisant l'histoire tragique de Tirésias !

Histoire de Tirésias (a).

L'HERMAPHRODITE Tirésias naquit dans une isle de l'Archipel; dans ce tems-là, il y avoit dans la Grèce beaucoup de livres & fort peu de connoissances: les Physiciens al-

---

(a) Ce fragment est d'un Philosophe Grec qui se permettoit d'expliquer par les loix de la Physique tous les contes bleus de la Mythologie: quoi qu'il fût contemporain de Socrate, & qu'il eût répandu un peu de sel attique sur les mystères de Cérès, le Grand-Prêtre Anitus ne lui fit point boire de ciguë; mais par un hasard singulier, le tems qui a respecté l'ouvrage de ce Philosophe a fait oublier son nom; tandis que d'un autre côté il a consacré le nom de tant de grands hommes dont il a fait oublier les ouvrages.

loient consulter les Poëtes sur les merveilles de la Nature, & ils croyoient comme eux que les Déesses descendoient quelquefois sur la terre pour faire des enfants aux hommes.

Le pere de Tirésias alla consulter l'Oracle de Delphes sur le prodige de l'organisation de son fils ; & afin de se rendre le Dieu favorable, il commença par faire un enfant à la Prêtresse : pour celui-ci on supposa qu'il n'auroit qu'un sexe, & on se promit bien de n'en rien dire à l'Oracle.

Cependant la Pythie, qui vouloit flatter son amour, répondit au nom d'Apollon, que la naissance d'un hermaphrodite étoit un grand mystère ; que Tirésias seroit un jour consulté par les immortels pour définir la volupté, & qu'en attendant il falloit le regarder sur la terre comme le chef-d'œuvre de la Nature.

Un Poëte du pays instruit de l'oracle, commença un poëme épique en l'honneur de l'hermaphrodite ; mais comme dans ce tems-là Tirésias eut une longue maladie où il fut sur le point de mourir, la Tirésiade ne fut point achevée ; & l'Auteur mit ses fragments dans son portefeuille, attendant pour célèbrer l'oracle, qu'il fût assuré qu'il ne mentiroit pas.

Tirésias devenu grand apprit ce qu'il étoit & ce qu'il deviendroit, & voulut se dérober à tant de célébrité ; il s'étoit couché un jour pensant au peu de besoin qu'il avoit des hommes, & il s'étoit réveillé Philosophe. Le lendemain, il quitta en secret la maison de son pere, & vint cacher dans un bourg de Lesbos son nom, son double sexe & ses aventures.

Il étoit alors dans cette fleur de l'adolescence où l'œil le plus clairvoyant ne peut juger du sexe que par les habits : afin de ne tromper personne, il s'habilloit le matin en homme & le soir en femme ; mais comme il vivoit très-retiré ne connoissant qu'un esclave, ses livres & son jardin, personne à Lesbos ne s'appercevoit de sa métamorphose.

Une jeune Lesbienne, qu'on croyoit vierge & qui ne l'étoit plus, voyoit tous les matins Tirésias passer devant sa maison pour aller à la fontaine, & devint éperduement amoureuse de lui ; elle lui fit des signes qu'il ne comprit pas ; elle lui parla, & il ne l'entendit pas ; elle lui écrivit une lettre brûlante, & il ne lui répondit pas : tant d'indifférence la rendit

rendit furieuse ; & ne pouvant jouir de l'inconnu, elle résolut de le perdre.

Il y avoit déja du tems que la Lesbienne étoit groffe, & fon pere étoit le feul qui ne s'en appercevoit pas : le voile enfin fe déchira, la jeune indifcrette pour fauver la vie à celui qui avoit partagé fa foibleffe, autant que pour fatisfaire fon reffentiment, déclara aux Juges qu'elle avoit été violée par Tiréfias, & on mit l'hermaphrodite en prifon.

D'un autre côté, un Prêtre de Jupiter qui voyoit tous les foirs Tiréfias habillé en femme venir faire fa priere au Temple, & qui en étoit devenu vivément amoureux n'ayant pu fubjuguer fa froideur & vaincre fes mépris, le cita à un autre Tribunal de Lesbos, pour avoir donné un rendez-vous à un jeune homme dans le vestibule du Temple de Jupiter; l'imposteur sacré déposoit qu'il avoit été lui-même témoin du sacrilège, que la jouissance avoit été entiere, & qu'un pareil attentat avoit fait reculer d'un pas la statue colossale du Souverain des Dieux : les Juges frémirent & se promirent bien d'envoyer au supplice une femme qui méprisoit un Prêtre, & qui faisoit reculer la statue d'un Dieu.

Les deux Tribunaux étoient sur le point de condamner contradictoirement l'hermaphrodite, l'un pour avoir violé une Lesbienne, & l'autre pour s'être prostitué à un Lesbien, lorsque l'Aréopage évoqua la cause : on conduisit alors Tirésias enchaîné à Athènes, & sur la route il disoit en lui-même : voyons un peu si les sages de la terre me puniront d'être né hermaphrodite.

Le Préſident de l'Aréopage qui dans l'intervalle avoit reçu de l'argent du Prêtre de Jupiter & un billet doux de la Lesbienne, eut cet entretien avec Tiréſias :

LE PRÉSIDENT.

Qui es-tu, homme imprudent & ſacrilège ?

TIRÉSIAS.

Je ne ſuis pas un homme comme toi, & je m'en félicite : je n'ai été imprudent que lorſque j'ai cru avoir beſoin des êtres de ta ſorte ; quant au titre de ſacrilège, ce Dieu qui voit ton ame & la mienne, ſçait ſi je le mérite.

LE PRÉSIDENT.

Tu me mépriſes, je penſe ?

TIRÉSIAS.

Je ne te méprise pas, mais je te juge. — Achève ton interrogatoire.

LE PRÉSIDENT.

On t'accuse d'avoir violé une citoyenne de Lesbos.

TIRÉSIAS.

Je ne lui ai jamais parlé. — Examine au reste la vie de cette Lesbienne : & songe qu'une femme sans mœurs ne se viole pas.

LE PRÉSIDENT.

On dépose contre toi qu'on t'a vu te prostituer à un Lesbien dans le vestibule du Temple de Jupiter.

TIRÉSIAS.

Je n'ai vu de ma vie le Lesbien dont on fait mon amant : mais réponds-moi à ton tour ; tu me crois donc coupable à la fois du viol & du sacrilège ?

LE PRÉSIDENT.

Non ; je ne suis point assez insensé pour te croire coupable de deux crimes contradictoires : ta jeunesse en ce moment jette un voile sur ton sexe ; mais il est impossible que tu sois homme & femme à la fois.

TIRÉSIAS.

Impossible, Monsieur le Philosophe !

LE PRÉSIDENT.

Sans doute, & c'est une des bases de la Physique de l'Aréopage ; mais tu as sûrement commis un des crimes dont on t'accuse, & nous voulons connoître ton sexe, pour sçavoir comment il faut te punir.

TIRÉSIAS.

Prends garde à la sentence que tu vas prononcer ; car tu pourrois te tromper à la fois, & comme Physicien, & comme Magistrat.

LE PRÉSIDENT.

Il ne tiendroit qu'à nous de te faire dépouiller par nos satellites : mais ce Tribunal est fondé sur les mœurs ; & nous ne sçavons pas protéger l'innocence en la faisant rougir ; — on s'en rapporte à toi ; parle : pourquoi le matin paroissois-tu vêtu en homme ?

TIRÉSIAS.

Parce que je pouvois devenir pere.

LE PRÉSIDENT.

Et le soir, pourquoi allois-tu

habillée en femme au Temple de Jupiter?

TIRÉSIAS.

Pour remercier le ciel de m'avoir donné la faculté de devenir mere.

LE PRÉSIDENT.

Tes remords troublent ton entendement; que veux-tu dire avec ta double faculté d'engendrer & de concevoir?

TIRÉSIAS.

J'ai tout le fang froid de l'innocence, & je t'annonce que je fuis hermaphrodite.

LE PRÉSIDENT.

Toi, tu aurois hérité de l'hermaphrodifme de Salmacis?

Tirésias.

L'histoire de Salmacis est un rêve Poëtique, fondé sur un phénomène d'Histoire naturelle : il n'a pas plus existé de Salmacis changée en fontaine, que de Sphinx, de Harpyes & de Minotaures : mais il y a eu de tout tems des hermaphrodites; & ces êtres, s'ils me ressemblent, ne sont point faits pour être jugés par les bisarres institutions de tes Législateurs.

Les codes de toutes les Nations sont fondés sur les rapports qui lient entre eux les membres de la société; & moi, je ne connois point ces rapports, & je n'ai pas besoin de la société.

Mon pere n'est plus : & dès cet instant j'ai vu rompre toutes les chaînes qui me lioient à l'espèce humaine.

Je trouve en tout climat de l'eau pour me défaltérer, des fruits pour me nourrir, & un foleil pour m'éclairer : ainfi ma patrie eft par-tout.... où je ne rencontrerai pas des hommes.

Que m'importent les Archontes d'Athènes, les Ephores de Sparte, & les Rois de la Terre ? je n'ai point fait de contrat avec eux pour qu'ils me protègent, & que je les défende ; ils doivent refpecter ma liberté, comme je refpecte leur defpotifme.

La beauté même ne fçauroit me fubjuguer ; je verrois Vénus & Mars fe débattre fans voile dans les filets de Vulcain, fans que mon fang s'élevât au moindre degré d'effervefcence ; je fuis par rapport aux plaifirs de l'amour, cette ftatue de l'homme dans l'attelier de Prométhée, avant que l'Artiste eût tiré du ciel la flamme qui donna au marbre une intelligence.

Si l'instinct qui appelle tous les êtres à la génération fait fermenter le sang dans mes veines, je calme à l'instant le feu qui me dévore ; je produis moi seul, & je conçois ; & j'ai payé ainsi le tribut à la Nature, avant que ma tête ait partagé le délire de mes sens.

Voilà en peu de mots mon histoire, mes sentimens & mon apologie ; je parle avec d'autant plus de franchise que je n'ai d'intérêt à tromper personne, & la parole d'un hermaphodite vaut bien à cet égard les sermens d'une Courtisanne & d'un Prêtre de Jupiter.

Je me suis énoncé aussi avec fierté, parce que l'oppression m'élève l'ame, & m'annonce ce que je suis:

le méchanifme de mon organifation eft trop compliqué pour que la Nature faffe fouvent des êtres qui me reffemblent ; mais par la raifon même qu'un androgyne parfait eft infiniment rare, il devroit prétendre à vos hommages : feul pour être de mon efpèce, fans préjugé, fans paffions & prefque fans befoins, je devrois gouverner la terre, & je me vois dans les fers, marchant entre la mort & l'opprobre.

J'ai dévoilé des impofteurs, j'ai éclairé des hommes foibles, & j'ai bravé mes ennemis. — J'attends ma fentence.

———————

L'Aréopage jufques-là avoit jugé avec intégrité les hommes : les Dieux l'avoient pris pour arbitre, & s'en étoient bien trouvés ; mais cette compagnie de Sages se trompa dans la cause d'un hermaphrodite.

Les Grecs dans ce tems-là commençoient à secouer le joug de leurs Tyrans, & ces Républicains soupçonneux prenoient ombrage de tout citoyen né ou fait pour augmenter le nombre des rois.

Il étoit dangereux de condamner à un opprobre éternel les calomniateurs de Tirésias : d'un côté, le Prêtre de Jupiter avoit mis dans son parti tous les Ministres des Autels : d'un autre, la Lesbienne avoit séduit toutes les Femmes des Juges : Pour l'hermaphrodite, c'étoit un être isolé, dont le sang ne devoit point crier vengeance ; de plus, on pouvoit, dit-on, le condamner comme ces monstres, dans l'ordre physique, qu'on étouffe à leur naissance, sans péril comme sans crime.

Enfin le Préſident de l'Aréopage corrompu par l'argent du Prêtre & par les faveurs de la Courtiſanne, cabala avec tant de ſuccès pour opprimer l'innocence, qu'on condamna l'hermaphrodite à perdre la vue, & à paſſer le reſte de ſa vie dans l'enceinte d'une priſon.

Tiréſias reçut ſa ſentence avec autant de calme que ſi elle n'eût regardé que ſes accuſateurs. » Je pou-
» vois, dit-il, être pere à mon tour,
» & perpétuer la race des herma-
» phrodites : je ne le ferai pas; parce
» que je vois le ſort qui menace
» ma poſtérité : la Nature ne peut
» m'ordonner de donner le jour à des
» êtres pour les voir ſouffrir & mou-
» rir.

» Je ſuis trop heureux de perdre
» la vue; je ne verrai point les hom-
» mes qui ont oſé me condamner;

» parce que je n'avois ni leurs be-
» foins, ni leurs vices, ni leurs re-
» mords.

» Je prie le ciel de ne pas me ven-
» ger ; je fouhaite que mes ennemis
» deviennent juftes, & je pardonne
» à l'Aréopage. »

Tiréfias fubit fa fentence : ce refpectable aveugle mourut fans poftérité, & ce ne fut qu'un demi-fiècle
après que les Philofophes ayant rendu une juftice tardive à fa mémoire,
le peuple inconftant qui l'avoit opprimé fit fon apothéofe.

CHAPITRE VI.

De la dégradation de l'espèce humaine.

IL n'en est pas du corps de l'homme, comme de cette flamme pure & légère de l'alcohol que conservent de tems immémorial sans altération les disciples de Zoroastre ; mille causes naturelles & étrangères concourent à le dégrader* : le peuple pour s'en convaincre a recours à l'histoire, mais le Philosophe n'a besoin que de consulter sa raison.

Plus une machine est compliquée, & plus elle dégénère aisément : ainsi la machine humaine doit se dégrader plutôt que celle du polype ou du ftalactite.

Parmi ces dégradations, il y en a qui ne font qu'accidentelles; il en eft auffi qui fe perpétuent; il eft néceffaire de ne point les confondre, afin de fçavoir remédier aux unes & prévenir les autres.

Il eft fur-tout important de diftinguer la dégénération qui eft l'ouvrage des hommes, de celle qui eft la fuite de l'action des parties hétérogènes qui compofent notre machine; car il ne faut pas mettre dans la même claffe les métamorphofes des êtres & les outrages faits à la Nature.

C'eft fur une pareille théorie qu'eft fondée la morale de l'homme-phyfique; morale effentielle à fon bonheur. foit comme individu, foit comme membre de la grande fociété.

Je ne crois pas que perſonne juſqu'ici aie conſidéré la ſcience des mœurs ſous ce point de vue, & voilà peut-être pourquoi l'eſpèce humaine a été empoiſonnée par cette maſſe d'erreurs que lui ont fait adopter, tantôt ſes ſophiſtes & tantôt ſes deſpotes.

Examinons d'abord les dégradations cauſées par la Nature; enſuite nous en viendrons à celles qui ſont notre ouvrage : ce Chapitre eſt donc conſacré en partie à l'hiſtoire des variétés de l'eſpèce humaine, & en partie à l'hiſtoire de ſes crimes.

ARTICLE I.

De l'espèce de dégradation, qui est l'ouvrage de la Nature.

La Nature si simple dans ses plans & si riche dans leur exécution en produisant les êtres, leur donne à tous la perfection physique qui leur est propre.

Elle ne fait pas, comme nous l'avons dit plusieurs fois, des classes & des espèces, dont le prototype s'altère par degrés ; elle ne produit que des individus, dont chacun forme un anneau dans la grande chaîne des êtres.

Ainsi à parler philosophiquement, il n'y a point de dégradation qui soit l'ouvrage de la Nature.

La Nature met dans ſes productions une variété pleine de magnificence ; mais elle ne nous les montre pas tantôt parfaites & tantôt altérées ; parce qu'on ne peut la ſoupçonner de caprice ou de foibleſſe, comme l'entendement de l'homme & ſes ouvrages.

Dans ce ſens il eſt auſſi abſurde de dire qu'une Hottentote eſt une Georgienne dégénérée, que de mettre un crapaud dans la claſſe des ſerins & des oiſeaux de Paradis.

Cependant comme il ſeroit impoſſible de peindre à l'eſprit cette multitude immenſe d'êtres iſolés qui compoſent l'univers, on eſt forcé d'admettre une méthode qui le défigure, & de créer une échelle qui n'eſt point celle de la Nature.

C'eſt dans ce ſens que nous allons parcourir l'échelle graduée des différences qui sont entre les hommes, soit par rapport à la couleur, soit par rapport aux traits ; mais ce que nous nommerons alors dégradation, dans la langue Philosophique, ne doit signifier que variété.

Des Nègres.

La couleur forme une des variétés les plus fenfibles de l'efpèce humaine : le globe eft habité par des peuples non-feulement blancs & noirs, mais encore bronzés, jaunes, cendrés, bruns, rouges & olivâtres : je ne m'arrêterai ici que fur les nègres; parce que les ennemis de la Philofophie & de la Nature les ont dégradés du rang des hommes, pour juftifier d'avance leurs déprédations, leur tyrannie & leurs affaffinats.

La premiere fois qu'on vit en Europe un Africain avec fes groffes lèvres, fon nez épaté, fa tête lanugineufe, & fa couleur de noir d'ébène, on dut être tenté de lui refufer l'intelligence : l'Anatomifte de ce fiècle d'ignorance auroit pu demander ce monstre pour le disséquer ; & s'il y avoit eu alors une Inquisition, le Saint Office l'auroit fait brûler.

Les Souverains modernes ont donné des édits pour rendre les nègres à l'espèce humaine ; ainsi on ne les livre pas en qualité de monstres au scalpel de l'Anatomiste ou au glaive sacré de la Propagande, on se contente de les rendre esclaves, & de les mutiler de tems en tems, pour donner plus de cours au commerce du sucre & de la cochenille.

On a toujours été fort embarrassé à expliquer comment un être intelligent pouvoit naître avec une peau noire, & de la laine frisée sur la tête.

Le Moine Gumilla a dit dans son Histoire de l'Orenoque, que les nègres descendoient en droite ligne de

Caïn, à qui Dieu écrafa le nez & noircit l'épiderme, pour imprimer fur fa perfonne le caractère d'affaffin; il y a des Naturaliftes qui ont pris la peine de réfuter cette pieufe abfurdité.

Des Philofophes, à qui il n'étoit pas permis, comme à des Moines, de déraifonner en Phyfique, ont établi auffi des fyftêmes dans cette matiere où il n'en falloit point. Maupertuis dit dans fa Vénus-Phyfique, que l'ovaire de la premiere des femmes renfermoit des œufs de différentes couleurs, qui ne devoient éclorre qu'après une certain nombre de générations ; que fi jamais la fource des œufs noirs étoit épuifée, l'Ethyopien ne produiroit plus que des blancs ; & que fi au contraire la férie des œufs blancs venoit à manquer, l'Europe ne verroit plus sur sa surface que des individus d'un noir d'ébène, comme les habitants du Sénégal ou du Monomotapa.

Si par hasard c'étoient les animalcules spermatiques de Leuwenhoeck qui avoient part à la génération, on pourroit expliquer avec l'idée de Maupertuis tous les phénomènes qui résultent de la variété des traits & des couleurs : il est vraisemblable que dans les réservoirs générateurs du premier homme étoient enfermés le ver pere de tous les nègres qui habitent la Zône torride, ainsi que le ver source de tous les nains qui sont en Laponie, & le ver tige de tous les géants qu'on a trouvé sur la terre des Patagons.

Malheureusement la femme n'a point d'ovaire ; l'homme n'a point d'insectes qui nâgent dans sa semence ; & il faut reléguer l'idée folle des

du Géomètre, qui a applati le pôle, avec celle du Pere Bougeant, qui explique l'esprit des bêtes en leur donnant l'intelligence des diables.

Lorsque la raison avoit déja cassé l'œuf Ethyopien, & fait périr l'animalcule nain ou patagon, le célèbre Le Cat s'avisa de supposer que la cause primitive de la noirceur venoit de l'imagination des meres; il cite à ce sujet un Auteur Allemand, nommé Hoyerus, qui rapporte qu'une femme accoucha d'un nègre pour en avoir vu un plusieurs fois avec complaisance : or, ajoute notre sçavant Physiologiste, s'il se trouve seulement un homme & une femme en même-tems, qui ayent l'imagination vivement affectée d'une figure Ethyopienne, un peuple nègre pourra résulter de leur union.

Tome IV.   G

Le Cat, qui attribue aux vapeurs d'une femme la naissance d'un nègre, ressemble un peu à Newton qui commente l'Apocalypse.

Voilà une singuliere autorité que celle de l'Allemand Hoyerus, quant il s'agit de contredire tous les oracles de la Médecine, & de bâtir une nouvelle Physiologie.

La femme d'Hoyerus qui fit un enfant basané, ne s'étoit sûrement pas contentée de voir un nègre avec complaisance ; les enfants ne se font pas plus par les yeux qu'avec les pierres de Deucalion.

Si cette femme ne mentoit pas, si l'autorité d'Hoyerus équivaloit à celle d'un Boerhaave, il s'ensuivroit d'étranges bisarreries dans les ouvrages de la Nature : des femmes à imagination ardente auroient toujours entre leurs mains la baguette des Fées & leur pouvoir, & il leur suffiroit de lire les Métamorphoses d'Ovide & l'Arioste, pour donner naissance aux Centaures & aux Hyppogriphes.

Pourquoi aussi faire des systêmes sur l'origine des nègres, quand la voix du peuple est évidemment celle de la raison ?

Il est constant que le teint de l'homme sain dépend du soleil qui nous éclaire : l'espèce humaine, comme l'ont observé les meilleurs Naturalistes, se noircit aux feux de cet astre, & blanchit à la glace : il n'y a point de nègres hors des limites de la Zône torride ; & à mesure qu'on s'éloigne de l'Equateur le teint noir devient basané, le basané devient brun, & du brun il n'y a qu'une nuance au blanc qui est la couleur primitive de la Nature.

Il est vrai que toute cette longue bande du globe, qu'on nomme la Zône torride, n'est pas uniquement peuplée de nègres; mais on ne doit l'attribuer qu'à des causes étrangères qui modifient l'action de la chaleur; il est certain, par exemple, que les terres qui sont défendues du vent d'Est par le Pic de Ténériffe & le Mont Atlas, ne doivent pas être habitées par des nègres parfaits, comme les plages immenses de la Nubie, de Sierra-Leona & du Sénégal; si les nations de l'Archipel Indien, quoique placées sous la ligne ne sont que basanées, c'est que les vapeurs de l'Océan qui les entoure & les vents alisés qui y règnent, ébranlent sans cesse la colonne d'air embrâsé qui pèse sur eux & diminuent le reflet des rayons du soleil : enfin si toute la partie du Nouveau-Monde qui est située entre les Tropiques, ne recèle aucun nègre dans son sein ; c'est que suivant les expériences combinées des thermomètres des la Condamine & des Adanson, la chaleur du Pérou est de quinze degrés inférieure à celle du Sénégal ; par l'action qu'il faut attribuer au nitre de l'humus Américain, aux vapeurs imprégnées de sel marin qui s'élèvent de l'Océan, & sur-tout aux forêts immenses dont ce continent est surchargé, & qui offrent aux feux du soleil une barriere éternelle (*a*).

───────────────

(*a*) Rien ne constate mieux cette observation que l'histoire de Ceylan : ceux des insulaires qui habitent les plages découvertes ont le teint couleur de cuivre jaune, tandis que les Bedas qui habitent les forêts, & qui sont probablement indigènes, puisque de tems immémorial ils parlent la lan-

Ce qui démontre encore d'une manière sensible que l'homme ne se noircit qu'au soleil ; c'est que les Européens transplantés sous la ligne y voyent, à la longue, leur teint passer par toutes les nuances qui séparent le blanc parfait du noir d'ébène, surtout quand ils adoptent la maniere de vivre & la nudité absolue des indigènes : s'il en faut croire le Physi-

---

que du royaume de Candy, sont d'une blancheur égale à celle des Suédois ; — l'expérience, dit à ce sujet l'ingénieux Auteur des Recherches Philosophiques sur les Américains, démontre que les pays à bois doivent être plus froids que les lieux découverts ; les grands arbres attirent les nuages, recèlent l'humidité dans leurs feuilles, & font de leurs rameaux autant de ventilateurs qui agitent la moyenne région de l'air. — Recherch. Philosop. Tom. I. seconde part. sect. 1.

cien qui nous a donné l'hiftoire de l'Afrique-Françoife, la poftérité des conquérants Portugais qui y defcendirent au milieu du quinzième fiècle, eft devenue parfaitement femblable aux nègres par la laine de la tête, la couleur de la peau & la ftupidité.

Mandeflo croyoit qu'il ne falloit aux Européens pour devenir nègres, que trois générations fuivies fous la ligne équinoxiale ; mais ce Voyageur n'étoit pas affez Phyficien pour tenter de pareils calculs ; un Italien ne peut adopter que par degrés les mœurs fauvages d'un Caffre ou d'un Jalofe ; le foleil le tueroit avant de l'avoir noirci.

Je ne doute pas aufli que la poftérité d'un nègre d'Angola transportée au Nord de l'Europe, n'acquît à la fin la blancheur héréditaire des Polonois

& des Danois ; mais quand M. de Buffon a écrit que cette métamorphose pourroit se faire à la huitième génération (a), il en a encore trop précipité l'époque ; il est certain qu'après vingt-deux générations passées en Espagne, les Maures en sortirent aussi basanés qu'ils y étoient entrés, & l'action du froid sur des corps Ethiopiens est infiniment moins sensible que celle d'un soleil ardent sur le teint d'un Suédois ou d'une Géorgienne.

Une longue série de filiations sous le ciel de la Zône torride, semble amalgamer l'éthiops animal avec toute la substance du corps humain.

Entre l'épiderme & la peau, Mal-

―――――――――――――――

(a) Hist. Natur. édit. complette in-12, Tom. 6. pag. 325.

pighi découvrit le premier une substance gélatineuse, connue sous le nom de réseau muqueux, & qui semble le principe de la couleur dans l'espèce humaine : or, suivant les expériences de Meckel, les meilleures que nous ayent fourni jusqu'à ce moment la Physiologie (*a*), cette membrane est noire dans un Africain, & ne peut être séparée de l'épiderme que par la voie de la macération ou de la putréfaction ; pour l'épiderme qui est blanc chez nous, il est cendré chez les nègres (*b*) : les

---

(*a*) *Voyez* ses Recherches Anatomiques sur la nature de l'Epiderme & du Réseau Malpighien ; & les Mémoires de l'Académie Royale de Prusse, Tom. IX, Année 1753.

(*b*) Littre le soupçonnoit blanc ; mais il l'est si peu que mis dans l'esprit de nitre il conserve encore sa couleur cendrée.

poils qui percent le réfeau & fon enveloppe, ne peuvent traverfer un milieu trop denfe fans s'entortiller; & voilà pourquoi nous avons des cheveux, tandis que le Nubien n'a que de la laine frifée fur la tête.

Ce ne font pas-là les feules différences qui caractérifent la ftructure intérieure d'un nègre; Meckel, en difféquant un Nubien, trouva fa fubftance médullaire bleuâtre, & ce fait que le célèbre Le Cat avoit deviné quatorze ans auparavant (*a*), fut dans la fuite confirmé chez ce Phyfiologifte par de nouvelles expériences (*b*).

Le fang même d'un Africain dif-

(*a*) *Voyez* fon Traité des Sens.
(*b*) *Voyez* fon Traité de la nature de la Peau humaine.

fère du nôtre ; son rouge est infiniment plus foncé, & au lieu de teindre le linge dans sa couleur apparente, il le noircit (*a*).

Enfin ce fluide qui teint la moëlle du cerveau, qui change la couleur primitive du sang, & qui transude des mammelons de la peau pour former le réseau de Malpighi, influe jusques sur la liqueur spermatique des nègres, & peut seul servir de clef au phénomène de la génération des mulâtres.

La dégradation la plus fatale que le climat produise dans les nègres, regarde la foiblesse de leur intelligence.

―――――――――

(*c*) *Voyez* Nouveau Mémoire de Meckel, dans les Mémoires de l'Académie Royale de Prusse, Tome XIII. Année 1757.

Le soleil, qui dans nos régions tempérées vivifie la machine humaine, donne du ressort aux organes & de l'énergie au caractère ; dans la Zône torride est le fléau du genre humain, & le tombeau de la Nature.

L'air embrâsé qu'un Africain respire sans cesse a bientôt vicié en lui le faisceau des fibres sensibles, fait évaporer la partie balsamique du sang, & en oblitérant l'organe de la mémoire, préparé les voies à cette inertie de l'esprit qui diffère si peu de la stupidité.

Au reste, les Européens qui ont des raisons d'intérêt d'humilier les nègres, ont toujours chargé le tableau de leur dégradation. Dans le fameux procès que les Africains esclaves viennent d'intenter, au Parlement d'Angleterre, contre leurs maîtres, un Sénégallois a envoyé l'écrit suivant que j'ai traduit, & qui servira un jour de mémoire, quand un Philosophe entreprendra l'histoire de l'esprit humain.

» La nature de la cause que je vais
» plaider m'annonce qui j'ai affaire
» au plus respectable des Parlements
» de l'Europe : s'il y avoit sur ce
» globe des intelligences supérieu-
» res, il auroit fallu les établir ar-
» bitres entre les blancs & les noirs ;
» mais puisque nos Juges ne peuvent
» être que les Européens qui nous
» ont subjugués, c'est du moins une
» consolation pour nous, de nous dé-
» fendre devant les représentants du
» peuple le plus libre de la terre :
» nous nous flattons que les insulai-
» res, qui ont enchaîné leurs rois
» pour être citoyens, enchaîneront
» nos tyrans pour être hommes.

« O Anglois ! vous êtes des êtres
» sensibles, & le tableau de nos mal-
» heurs pourra vous émouvoir !

» En Afrique on vient nous enle-
» ver à notre patrie comme si nous
» étions les ennemis-nés du genre
» humain ; & lorsqu'on voit peu de
» sûreté dans la violence, on tente
» notre cupidité par l'appas de ces
» bagatelles frivoles dont notre va-
» nité nous a fait des besoins ; on
» expose alors un roi, timide & fé-
» roce, à échanger ses sujets contre
» de vils instruments du luxe, & un
» fils dénaturé à vendre son pere
» pour du fer, des miroirs & des co-
» quillages.

» En Asie on nous mutile, pour
» nous mettre impunément à la tête
» des serrails.

» C'est de l'Europe que partent les
» édits qui attaquent notre indépen-

» dance ; les livres où l'on met no-
» tre sensibilité en problême, & les
» vaisseaux chargés de brigands poli-
» cés qui vont trafiquer de notre sang
» dans les deux Mondes.

» L'Amérique est le principal théâ-
» tre de notre opprobre & de nos
» malheurs ; les uns nous condam-
» nent aux travaux des mines ; là
» ensévelis dans une nuit éternelle,
» attaqués dans le fluide nerveux par
» les vapeurs arsénicales qui s'exha-
» lent de nos vastes cachots, nous
» mourons avant l'âge, pour fournir
» un aliment à la cupidité, toujours
» renaissante, d'un maître que nous
» ne pouvons plus enrichir.

» Les autres nous condamnent à
» mettre en valeur le sucre, l'indigo
» & la cochenille ; nous travaillons
» alors en qualité de bêtes de somme,
» sous le prétexte qu'elles manquent

» au Nouveau-Monde : fi nous ne
» réuffiffons pas, on nous maltraite;
» fi nous réuffiffons, nous n'avons
» que l'affreufe perfpective de voir
» tripler nos travaux.

» Autrefois le plus léger délit
» étoit fuivi du gibet : nos maîtres
» étoient des dieux impitoyables,
» qu'on ne pouvoit offenfer fans mé-
» riter de mourir.

» L'intérêt depuis a éclairé les
» Européens : ils fe font apperçu
» qu'en maffacrant des nègres, ils
» recueilloient bien moins de fucre
» & d'indigo; alors ils ont fubftitué
» à la mort ces fupplices longs &
» douloureux qui la font défirer.

» A la moindre négligence, on
» nous fait frapper avec des cour-
» roies armées de pointes de fer, qui
» enlèvent notre chair par lanieres;
» & quand l'exécuteur ceffe le fup-

» plice, sous prétexte de guérir nos
» blessures, on y applique ce piment
» corrosif qui les renouvelle.

» Si nous tentons de nous dérober
» par la fuite aux horreurs de notre
» destinée, on nous coupe le nerf
» d'une jambe; &, grace à cette mu-
» tilation, on nous enchaîne au sol
» qui doit être à jamais le témoin
» de notre opprobre & de nos dou-
» leurs.

» On nous envie jusqu'à la dou-
» ceur cruelle de mourir. Nous sça-
» vons de tems immémorial plier
» notre langue, de maniere qu'elle
» ferme le canal de la respiration,
» & nous soustraire par-là, soit à
» la servitude des hommes, soit à
» celle des choses ; mais l'industrie
» féroce de nos maîtres nous rend
» inutile ce secret héréditaire ; & on
» nous dérobe au suïcide, non pour

» nous épargner des crimes, mais
» pour avoir le pouvoir d'en faire.

» O Anglois ! je n'ai encore atta-
» qué que votre sensibilité ; je vais
» maintenant éclairer votre raison :
» on dit que Locke, Bolingbrocke
» & Shaftesbury, ont fait de vous un
» peuple pensant : j'aime à me flatter
» que la supériorité de votre intelli-
» gence ne vous fera pas oublier que
» nous l'avons aussi en partage.

» S'il existe un droit naturel,
» l'homme n'est fondé à persécuter
» ou à détruire que les êtres mal-
» faisants, les insectes, les bêtes
» féroces, les fanatiques, les con-
» quérants & les assassins.

» Mais quel mal pouvons-nous
» faire aux hommes dans les déserts
» brûlants de la Zône torride ! sans
» besoins, sans ambition, sans in-
» dustrie, & n'ayant pour nous dé-

» fendre contre le tonnerre des bri-
» gands de l'Europe, que les armes
» de la Nature ?

» Votre droit fur nous viendroit-
» il de ce que nous fommes noirs &
» que vous êtes blancs, de ce que
» vous avez des cheveux & que nous
» n'avons que de la laine frifée fur
» la tête ?

» Mais fi une organifation plus
» parfaite fuffifoit pour légitimer
» votre tyrannie, que n'allez-vous
» auffi donner des fers aux Kal-
» mouks, ces finges de l'efpèce hu-
» maine, aux Nains de la Laponie,
» & aux Albinos, qui ne font peut-
» être que des nègres dégénérés ?

» D'un autre côté, ce principe ne
» conduit-il pas à vous donner un
» jour des maîtres ? fi jamais vo-
» tre droit des gens parvient juf-
» qu'aux géants des Terres Magella-

» niques, qu'opposerez-vous à leurs
» prétentions sur la monarchie uni-
» verselle ? la Nature est-elle moins
» blessée par la tyrannie que les nè-
» gres éprouvent des Européens, que
» par celle que les Européens éprou-
» veroient des Patagons ?

» Vos Grotius & vos Puffendorff
» font dériver votre droit sur nous
» de ce que nos peres se sont vendus
» aux vôtres : ce sophisme, bon
» peut-être pour des Universités
» d'Allemagne, paroîtra foible, sans
» doute, au peuple de la Gran-
» de-Bretagne.

» Par quel absurde délire de l'es-
» prit humain s'est on imaginé qu'un
» homme libre pouvoit se vendre ?
» quel seroit le prix d'un pareil sa-
» crifice : tous les trésors du maître,
» fût-il assis sur le trône de l'Indos-
» tan, pourroient-ils dédommager

„ l'esclave de l'abandon du plus beau
„ privilege de l'espèce humaine ? on
„ ne peut pas plus vendre sa liberté
„ que sa vie.

„ Si un citoyen ne peut engager
„ sa propre liberté, comment ven-
„ droit-il celle de sa postérité qui est
„ encore à naître ? s'il y avoit sur
„ ce globe un Génie du mal, qui ba-
„ lançât le pouvoir du Dieu du
„ bien, croyez-vous qu'il réussiroit
„ mieux à mettre la scélératesse en
„ système ? Quoi ! parce que des bri-
„ gands, il y a trois siècles, don-
„ nerent quelque livres de tabac à un
„ Africain, je traînerois dans l'op-
„ probre une vie malheureuse ! parce
„ que mes ancêtres furent absurdes,
„ je naîtrois esclave !

„ Il y a dans votre Europe un Jé-
„ suite, nommé Charlevoix, qui a
„ écrit dans un roman, intitulé :

» *Histoire de St-Domingue*, que tous
» les nègres de la Guinée naissoient
» stupides ; que la plupart ne sça-
» voient pas compter au-delà de trois,
» & que ce défaut d'organisation lé-
» gitimoit votre droit sur nos per-
» sonnes : ce Charlevoix calomnie
» notre intelligence, pour justifier
» les attentats des Européens contre
» nous ; il ressemble à Vasco Nun-
» nez, qui commença par faire dé-
» chirer par ses chiens le Roi de
» Quarequa, & tous les Indiens de
» sa suite, & qui se justifia ensuite
» au Tribunal de Charles-Quint en
» disant qu'ils étoient péderastes.

» Sans doute, que ceux d'entre
» nous qui respirent toute la vie
» l'air embrâsé de la Zône torride,
» voient de bonne-heure leurs or-
» ganes qui se flétrissent, & le prin-
» cipe de leur vie qui s'évapore ;

» mais le peu d'intelligence qui nous
» reste suffit alors à nos besoins, &
» je ne vois pas pourquoi les hom-
» mes du Nord puniroient ceux du
» Midi, de ce que la Nature les a
» condamnés à végéter.

» Au reste, les nègres qu'un Eu-
» ropéen impitoyable condamne à
» l'esclavage dans les régions tem-
» pérées, sont presque aussi intelli-
» gents que leurs maîtres ; quand on
» leur donne des talents, ils s'y per-
» fectionnent plutôt que les blancs,
» & leur tête fait valoir une habita-
» tion ruinée, plus que leurs mains
» & leur industrie.

» Il est vrai que les nègres ne font
» point de Livres Philosophiques
» comme les citoyens oisifs de vo-
» tre Grande-Bretagne ; mais ren-
» dez-leur la liberté, & donnez-leur
» pour instituteurs des Locke & des

» Newton, & vous verrez plus d'un
» Africain dans vos Académies.

» Je me trompe, le premier Li-
» vre que feroit un nègre feroit un
» manifeste pour la liberté contre ses
» tyrans : mais il ne feroit point en-
» tendre impunément la voix im-
» portune de la vérité ; on brûleroit
» son Livre dans toutes les capitales
» de l'Europe, pour s'épargner la peine
» d'y répondre.

» Je parle toujours avec la fierté
» de l'innocence opprimée, c'est que
» je vous estime : un pareil langage
» fait bien moins d'honneur encore
» au malheureux qui le tient, qu'à
» l'homme puissant qui a le courage
» de l'entendre.

» O Anglois ! le grand procès des
» nègres que vous allez juger, est
» bien plus important que celui des
» rois, plaidé, il y a un siècle, par

le

» le Parlement parricide de Crom-
» wel ; c'est la seconde cause vrai-
» ment digne de mémoire qui aie
» encore occupé les Annales des
» Nations ; car la premiere est celle
» du Nouveau - Monde contre l'Eu-
» rope , agitée par Barthélemi de
» las Casas au Tribunal de Charles-
» Quint.

» Si les nègres la gagnent , vous
» aurez eu la gloire d'avoir fermé
» une des grandes plaies qui aie en-
» core été faite au genre humain.

» Si nous avons le malheur de
» succomber, nous vous remercie-
» rons encore de nous avoir permis
» de vous éclairer : cette défense est
» un monument que vous n'aurez
» pas la barbarie d'anéantir ; elle dé-
» posera , dans la suite des âges ,
» contre votre prudence criminelle ;

» & si vous vous contentez d'adoucir
» le poids de nos chaînes, je me
» flatte qu'elles seront totalement
» brisées par votre postérité. «

Des Albinos.

Par une étrange contradiction de l'esprit humain, tandis que dans trois parties du monde on chargeoit les nègres de chaînes & d'opprobres, on faisoit des espèces de divinités des Albinos, espèces d'êtres intelligents très-inférieurs aux nègres, & qui forment probablement le dernier anneau dans la grande chaîne des variétés de l'espèce humaine.

Cet ouvrage est consacré à la vérité, & ma plume, ennemie du despotisme & de la superstition, doit réclamer à la fois contre la férocité qui dégrade les nègres, & contre la crédulité qui donne aux Albinos les honneurs de l'apothéose.

L'Albinos qu'on nomme en Afrique *Dondos*, dans les Indes Orientales *Kakerlaque*, & au Nouveau-Monde *Œil de Lune* (*a*), est une espèce de singe de couleur blaffarde, qui a la taille du Lapon, la peau des lépreux, & les yeux du hibou : condamné par la structure de son organe optique à fuir la lumiere ; il regarde avec horreur le soleil & le spectacle de la Nature ; s'endort le jour, dispute la nuit quelques vils aliments aux bêtes féroces, qu'il n'égale ni en adresse ni en courage, &

(*a*) Le nom vulgaire de nègre-blanc ne lui convient en aucune sorte ; car il ne tient en rien du nègre, & son teint ne ressemble à celui du blanc que quand ce dernier est mort. — Je remarque que c'est toujours le peuple qui donne des noms à l'être qu'il ne connoît pas, & le Philosophe qui le connoît a la foiblesse de les adopter.

termine à trente ans sa malheureuse carriere sans avoir vécu.

Rien n'égale la stupidité de l'Albinos ; tout ce qui n'est pas renfermé dans le cercle étroit de ses besoins, échappe à son intelligence : on n'a jamais pu lui faire expliquer de quelle couleur il voit les objets, ou seulement s'il a deux axes de vision ; ce nègre que nous ne regardons qu'avec l'œil du dédain, est à l'égard de l'Albinos, ce que seroit à côté de lui-même un Newton ou un Montesquieu.

On a toujours été fort embarrassé à expliquer l'origine de cet être si singuliérement organisé : Waffer se trouvant à Panama, il y a environ un siècle, demanda à quelques Sauvages, ce qu'ils pensoient de ce phénomène ; ils répondirent unanimement, que ces générations bisarres étoient l'effet de l'imagination d'une mere quand elle regardoit la pleine lune dans sa grossesse : le bon Voyageur le crut, & après lui quelques Jésuites des Missions, & après ces Jésuites, l'Inquisition ; & après l'Inquisition, personne.

Je me trompe : Le Cat, un des plus grands Physiologistes de l'Europe, s'est rencontré, de nos jours, avec les Sauvages de Panama dans l'explication de la naissance de l'Albinos ; il a prétendu que l'imagination avoit assez d'activité dans une femme, pour former à son gré l'embryon qu'elle porte, pour donner un enfant nègre à un pere blanc ; un Albinos à un Parisien, & le Bébé du Roi Stanislas à un Patagon.

Des Naturalistes qui n'avoient pas acquis, comme le célèbre Le Cat, par de grandes découvertes le droit d'écrire de grandes absurdités, ont soutenu que les Albinos, aussi anciens que le monde & cachant sous une enveloppe grossiere un germe d'intelligence extraordinaire que la Nature sçauroit développer, étoient prédestinés à exterminer un jour les habitants des deux continents, & à établir sur le globe la République de Platon.

Maupertuis qui n'étoit pas si Prophète que ces Naturalistes, quoi qu'il eût appris aux hommes le secret de le devenir en s'exaltant, croit tout simplement que la naissance de l'Albinos est l'effet d'une maladie héréditaire. M. Dumas, l'ancien Gouverneur de Pondichéri, le pensoit aussi. M. de Buffon a embrassé cette opinion dans son Histoire Naturelle; & l'ingénieux Auteur des Recherches Philosophiques, a consacré un

Article de son Ouvrage à étayer ce système : s'il en faut croire ce dernier, les réservoirs générateurs d'un Africain renferment un levain vénéneux qui agit sur le fœtus, altère son fluide nerveux & intervertit l'ordre de la Nature, en donnant à un nègre qui voit bien, un enfant blafsard qui n'a que des yeux de hibou.

Malheureusement nous n'avons pas assez de données pour résoudre un pareil problème.

Il n'est point démontré que les Albinos qui sont parvenus à notre connoissance, soient par leur pere & par leur mere de race Africaine : celui de Surinam, suivant Fontenelle (a), étoit fils d'un nègre-blanc ;

―――――――――――

(a) Hist. de l'Académie des Sciences, Année 1734.

celui de Carthagène, né en 1738, & que le Marquis de Villa Hermosa conduisit en Espagne, ne connoissoit pas son pere. Quant à cette négresse du Journal Encyclopédique (*a*), qui de huit enfants qu'elle mit au monde, en fit quatre noirs, deux mulâtres & deux Albinos ; en supposant la réalité du fait, je ne sçaurois croire, sur la parole de la mere, qu'elle n'a jamais enfreint la fidélité conjugale ; il faut mettre ce conte avec celui de la Dauphinoise, qui pendant que son mari étoit dans le Nouveau-Monde, prétendit avoir engendré du Zéphyr, & à qui le Parlement de Grenoble donna cependant un certificat d'honnête femme.

L'Abinos est si peu nécessairement

_____

(*a*) Année 1760, troisième Partie.

d'origine Africaine, que l'Encyclopédie s'eſt cru fondée à le faire métis d'une femme ordinaire & d'un Orang-outang : il eſt vrai que cette conjecture eſt une idée vague, & je ſuis loin de réfuter un paradoxe par un autre paradoxe.

Ce qui ruine, à mon gré, beaucoup plus sûrement l'hypothèſe que l'Albinos eſt un nègre dégénéré, c'eſt qu'il ne ſe trouve pas ſeulement à Loango, à Angola & ſur les côtes du Sénégal ; mais encore dans des régions de l'Aſie, où il n'y a que des hommes bronzés & olivâtres, & au Darien dans le Nouveau Monde où il n'y a jamais eu de nègres indigènes (a).

─────────────

(a) Et qu'on ne diſe pas que les Albinos du Darien deſcendent des nègres tranſportés d'Afrique : Cortés en vit en deſcendant au

Si l'organifation bifarre d'un Albinos étoit l'effet d'une maladie Africaine, il feroit prefqu'impoffible qu'elle fût héréditaire : or Waffer affure que les Albinos du Darien propagent entre eux : après les informations les plus exactes que j'ai pu faire, par des Officiers de notre Compagnie des Indes, qui ont paffé plufieurs années à l'Ifle de France, j'ai appris auffi qu'il y en avoit une grande peuplade au centre de Madagafcar ; fiers de leur dégénération, ces Albinos croiroient fe dégrader en s'uniffant avec les autres infulaires ; & de tems immémorial ils fe tranfmettent de pere en fils leur teint de

---

Nouveau-Monde, & il en parle dans fes Lettres à Charles-Quint. Elles fe trouvent en Latin dans la Collection de Hervagio.

cadavre, leurs yeux de hibou & leur stupidité.

Il est impossible, peut-être faute de Mémoires, de prononcer sur ce phénomène de l'Histoire Naturelle : mais s'il ne s'agissoit que d'opposer des conjectures à d'autres conjectures, j'aimerois beaucoup mieux croire que l'Albinos forme une race distincte, & une variété constante dans l'espèce humaine : j'ai tant appris par les erreurs des Ecrivains & par les miennes à me défier de notre entendement, que j'aime encore mieux douter de la sagacité des Naturalistes que du pouvoir de la Nature.

Un fait sur lequel il n'y a point de partage, c'est la vénération qu'on a eu de tout tems pour ces malheureux avortons du genre humain ; Montézuma, dans le Nouveau Monde, en entretenoit trois ou quatre dans fa Cour par magnificence : s'il en faut croire le Voyage de Bruin (*a*), le Roi de Bantam a des Albinos femelles parmi fes concubines ; & à Loango ce font eux qui font la priere devant le Roi : le Souverain & le peuple penfent que fi on ne fe fervoit pas de l'organe de ces pontifes imbécilles, les vœux de la Nation ne parviendroient jamais jufqu'à la Divinité.

Voilà donc trois parties du monde où l'on s'eft réuni à placer prefqu'au haut de l'échelle des êtres des demihommes, qu'on feroit tenté de prendre pour des ébauches forties par hafard de l'attelier de la Nature.

Si ce délire des peuples étoit rai-

(*a*) Edit. in-fol. Amfterdam, de 1714, pag. 380.

fonné, on pourroit l'attribuer à la vanité ; en mettant ainfi au grand jour les défauts d'un être mal organifé, on fait reffortir davantage la beauté de fon organifation ; une Géorgienne des ferrails Afiatiques, paroît bien plus Géorgienne auprès des eunuques noirs qui la fervent qu'auprès de fes rivales.

Faudroit-il attribuer le culte qu'on rend à l'Albinos à fa ftupidité profonde, qui lui ôte le pouvoir de nuire ? comme fi par un effet de la dépravation générale, l'homme ne pouvant plus être refpectable par le bien qu'il fait, le devenoit par le mal qu'il ne fait pas.

J'aimerois mieux croire que cette forte d'apothéofe vient de la fuperftition des peuples, qui en tout tems fe font perfuadés que plus on approchoit de la démence ou de la ftupidité, plus on étoit propre à entrer en commerce avec la Divinité : voilà pourquoi la Prêtresse de Delphes ne rendoit ses oracles qu'en tombant dans le délire, ou du moins en le feignant ; voilà pourquoi nos modernes Crétins, si fameux par leur surdité, leurs goëtres & leur imbécillité, sont regardés comme des Anges dans le Valois ; voilà aussi pourquoi les enthousiastes de Mahomet canonisent, de leur vivant, les malheureux qui tombent en épilepsie.

Faisons-nous des idées d'ordre, qui ne deviennent point arbitraires ; rangeons les êtres à leur place, & ne mêlons ni les nègres parmi les scélérats que la société doit punir, ni l'Albinos imbécille parmi les Intelligences supérieures qu'elle doit invoquer.

Des Géants.

Depuis la fameuse Dissertation d'Hans-Sloane (*a*) contre l'existence des géants, tous les Ecrivains qui sans être Physiciens se sont dits Philosophes, ont abandonné au peuple ses idées sur les colosses de l'espèce humaine; & ne voyant qu'eux dans l'Univers, ils ont osé circonscrire la Nature dans les limites de leur petite taille & de leur petit entendement.

Je voudrois bien sçavoir par quelle bisarrerie un Sçavant de l'Europe,

---

(*a*) Elle fut donnée le 10 Décembre 1727, & on la trouve dans les Mémoires de l'Académie Royale des Sciences.

parce qu'il ne voit de son cabinet que des hommes de sa taille, supposeroit qu'il ne peut y en avoir de plus grands dans le reste de l'ancien monde, dans le nouveau & dans le continent Austral ; par la même raison il devroit nier qu'il y a des peuples noirs, rouges & olivâtres ; il devroit ranger dans la classe des Sphinx, des Phénix & des Griffons le Kakerlaque avec ses yeux de hibou, le Ceylanois avec ses grosses jambes, le Nègre de Manille avec sa queue, & la femme Hottentote avec le chaste tablier que lui a donné la Nature.

Il me semble que puisque la taille ordinaire de l'homme peut se retrécir dans quelques individus, elle peut aussi s'élever dans d'autres : Goliath n'est pas plus un monstre que Bébé, & la même main qui a organifé des nains dans la Baye d'Hudson, peut former des géants dans la terre des Patagons.

On a regardé comme un visionnaire cet Abbé de Tilladet qui lut le siècle dernier, à l'Académie des Belles-Lettres, un Mémoire où il tâchoit de prouver qu'Adam & tous les Patriarches avoient été des géants (*b*): il eut tort, sans doute, de faire intervenir la Génèse dans des Dissertations d'Histoire Naturelle ; mais son système est peut-être le seul où l'on puisse expliquer l'ancienne tradition de la longue vie des peres du genre humain : il a pour base ce grand principe, que la Nature jeune encore devoit être bien plus féconde, qu'elle

―――――――――――――

(*a*) *Voyez* l'Extrait de cette Dissertation, édit. in-12. Tom. 1. de l'Hist. pag. 160.

ne l'eſt aujourd'hui, qu'elle ſemble pencher vers ſa décrépitude ; & quelque biſarre qu'il paroiſſe à ceux qui l'ont jugé avant de l'avoir approfondi, il ſera toujours plus aiſé de le tourner en ridicule que de le réfuter.

Cette diſproportion dans la taille des individus, ne ſeroit point une exception de la Nature pour l'eſpèce humaine : on remarque le même phénomène dans quelques claſſes animales ; certainement il y a parmi les ſinges plus de différence, entre le Sapajou & l'Orang-outang, qu'il n'y en a parmi les hommes, entre un nain de la Laponie & un Patagon.

Si du règne animal je deſcends dans le végétal, je trouve encore des nains à côté des Coloſſes ; le Riccin qui chez nous n'eſt qu'une plante, eſt un arbre dans la Crète ; quel rapport y a-t-il entre nos Meleses d'environ quarante pieds de hauteur, & celui que Tibère fit apporter dans Rome, & qui en avoit deux cent vingt (*a*): mettrons-nous nos Platanes en paralèlle avec celui dont parle Pline, qui avoit quatre-vingt pieds de diamètre, & dans la cavité duquel un

---

(*a*) C'est Pline le Naturaliste qui nous a transmis ce fait ; le texte est curieux : — *Amplissima arborum ad hoc ævi existimatur Romæ visa, quam propter miraculum Tiberius Cæsar in Ponte Naumachiario exposuerat... Fuit autem trabs è larice longa pedes centum viginti bipedali crassitudine aqualis, quo intelligebatur vix credibilis reliqua altitudo fastigium ad cacumen astimantibus : fuit memoriâ nostrâ & in porticibus septorum à M. Agrippa relicta aquè miraculi causa qua delibitorio superfuerat viginti pedibus brevior sesquipedali crassitudine.* — Plin. Lib. 16. Cap. 40.

Magiſtrat de Rome ſoupa & coucha avec vingt-deux perſonnes (*a*)!

Les Phyſiciens qui oppoſent aux faits des calculs, prétendent qu'un homme de huit pieds eſt impoſſible, parce qu'il auroit un volume de corps quatre fois plus conſidérable que le nôtre; mais on a trouvé des prodiges de ce genre, même parmi les hommes de taille ordinaire : toute l'Europe a entendu parler de cet Anglois, mort en 1754 dans la province d'Eſſex, qui n'ayant que cinq pieds neuf pouces & demi de haut, avoit une circonférence de ſix pieds

---

(*a*) *Platanus.... domicilii modo cava octogenta pedum ſpecu.... Tam digna miraculo ut Lucinius Mutianus ter Conſul prodendum etiam poſteris putarit epulatum intra eam ſe cum duodeviceſimo comite.... & in eadem cubuiſſe.* — *Ib. Lib.* 16. *Cap.* 1.

onze pouces, & pefoit le jour de fon décès fix cent feize livres (*a*) : donnez à ce corps la taille du plus haut des Gardes du Roi de Pruffe, & voilà un Patagon.

Des faits pour le peuple des Naturaliftes valent encore mieux que des raifons, & j'en ai raffemblé un petit nombre, pour les oppofer au fcepticifme des Anti-Philofophes.

Je ne parlerai point de ces géants que les Anges, au rapport de Jo-

---

(*a*) Ce géant par le volume de fon corps, s'appelloit M. Bright; à l'âge de douze ans il pefoit déja cent quarante-quatre livres, & à dix-neuf, trois cent trente-fix : il tenoit de fon pere fon embonpoint, & il femble l'avoir tranfmis aux cinq enfants qui compofent fa poftérité. — Voilà donc une taille énorme héréditaire, comme la queue des nègres de Manille, le tablier des Hottentotes & le Sexdigitifme.

sophe, firent aux filles de Caïn : soit parce que l'acception du mot d'Anges n'est point ici assez déterminée, soit parce que la taille de ces géants n'étant pas fixée, nous ne pourrions établir sur cette matiere que de frivoles conjectures.

Je passe encore sous silence l'histoire de cet Hercule, à qui les Mythologistes donnent sept pieds, & qui mangeoit un bœuf à son repas ; parce que des contes de la Mythologie peuvent bien fournir des images à un Poëte ; mais non des autorités à un Philosophe.

Rome dans sa décadence a eu un Empereur qui avoit huit pieds & demi de haut (*a*) ; c'est ce féroce

---

(*a*) S'il en faut croire Capitolin, *Vit. Maxim.* 1 & 7, sa vigueur répondoit à sa taille colossale ; avec sa main il réduisoit

Maximin, l'assassin d'Alexandre Sevère, qui réunit l'ame de Néron au corps de Polyphême, & dont le nom seroit devenu bien plus odieux encore que celui du meurtrier d'Agrippine, s'il avoit régné aussi longtems que lui.

En 1613 on voyoit à Bâle, pour de l'argent, un jeune homme de vingt-deux ans, nommé Jacob Damman,

---

en poudre des pierres de tuf, il atteignoit à la course un cheval courant au grand galop; il mangeoit à son appétit ordinaire quarante livres de viande, & buvoit à son repas une amphore de vin, qui contient environ vingt-huit de nos bouteilles. — Ce tyran fier de tous ces avantages de la Nature, ne craignoit rien : un Comédien osa lui dire en plein Théâtre :

Cave multos, si singulos non times.

& en effet ses soldats se réunirent & l'assassinèrent.

qui avoit huit pieds de hauteur, & dont le corps n'avoit point encore pris tout son accroissement (*a*).

En 1756 on en a vu un autre à Paris, qui a été mesuré par les Physiciens, & qui se trouva avoir sept pieds cinq pouces & six lignes de hauteur.

Un peuple entier s'est trouvé avoir une taille de sept pieds, ce sont les insulaires de Guam, une des Mariannes. Dampier, qui ne passe pas pour crédule, l'attesta (*b*); Cowley le confirma dans son Voyage autour du Monde; & M. de Buffon, qui a pesé l'autorité de ces Ecrivains, les

---

(*a*) Ce fait est rapporté par Platerus, & cité Anecdot. de Médecine, Tom. I. pag. 307.

(*b*) Tom. I. pag. 378.

cite dans son Histoire Naturelle sans les contredire (*a*).

Il existe encore, vers le détroit de Magellan, une Nation d'une taille gigantesque, qui contente, du moins dans ces derniers tems, des déserts qu'elle habite, ne cherche point à donner des chaînes aux indigènes du Nouveau-Monde, ni même à ses tyrans.

Comme ce dernier fait offre le témoignage le plus authentique que la Philosophie puisse citer en faveur des géants, je crois qu'il est nécessaire de s'y arrêter.

De tems immémorial les peuples de l'Amérique se sont plaints des violences & des crimes d'une race de Titans qui habitoient le midi de

———

(*a*) Petite édit. complette in-12. Tom. 6. p. 150.

leur continent ; Garcilaſſo, qui étoit Péruvien & de la race des Yncas, parle ſouvent des terreurs qu'ils donnerent à ſes ancêtres (*a*). Le portrait qu'il fait de ces hommes terribles n'eſt pas flatté : il n'en eſt pas de même de celui qu'il trace des Eſpagnols, qui anéantirent ſa patrie ; mais auſſi les Eſpagnols, après avoir enchaîné les corps des Américains, captivoient auſſi leur ame & leur plume.

Ce n'eſt point à des Philoſophes à mettre les Titans du Nouveau-Monde au rang de ceux de la Grèce : les Patagons n'ont point été chantés par des Poëtes ; leurs noms ſont inſcrits dans les Annales des peu-

---

(*a*) *Voyez* ſon Hiſt. du Pérou, Liv. 9. Chap. 9.

ples qu'ils ont opprimé, & non à la tête d'une abfurde Mythologie ; ce qu'on raconte d'eux peut avoir été exagéré par la terreur, mais n'offre rien d'évidemment abfurde ; c'étoit des fauvages de près de dix pieds de haut, qui vivoient de ce qui auroit fait la fubfiftance de cinquante Américains, qui mangeoient de tems en tems des hommes & qui violoient beaucoup de filles : il y a loin de ces Titans Indiens aux Ephialtes, aux Antée & aux Briarée, qui, au rapport d'Ovide, au lieu d'air refpiroient des flammes ; avoient reçu de la Nature cent mains, mangeoient des montagnes à leur déjeûner, ou bien s'amufoient à les jetter à la tête de Jupiter.

En 1522, Magellan, dans fon fameux Voyage autour du Monde, vit ces coloffes Américains : ils lui parurent avoir dix pieds de haut, & le gosier si large qu'ils y faisoient entrer une flèche de la longueur d'un pied & demi (*a*).

Environ cinquante ans après, Drake en vit huit sur les côtes de la Patagonie, qui jetterent l'épouvante dans son équipage (*b*): ce Navigateur célèbre échappa à la dent de ces géants, pour se voir manger bientôt après par des crabbes.

En 1592, trois matelots du vaisseau de Cavendish, furent sur le point d'être écrasés par les quartiers de rochers, que leur lança dans la

---

(*a*) Hist. des Indes Occidentales par Wilflicht, & Traduction Françoise du Journal de Pigafetta, qui rédigea le Voyage de Magellan.
(*b*) Argensola, Histoire des Molucques. Liv. 3.

mer un des Polyphêmes du détroit de Magellan (*a*).

Tous les Voyageurs qui dans le seizieme siècle parcoururent la mer du Sud, parlerent de l'existence des géants du cercle Antarctique comme d'une vérité reconnue (*b*). Il est vrai que tous ceux qui y navigerent dans le dix-septième, s'accorderent aussi à n'y voir que des hommes d'une taille ordinaire ; mais cette contra-

―――――――――――

(*b*) Relation de Kniver, dans la Collection de Purchass, Tom. IV. Liv. 6.

(*b*) *Voyez* le Récit de Sarmiento, dans l'Hist. des Moluques d'Argensola, Liv. 3. celui du Capitaine Hawkins, dans Purchass, Tom. IV. Liv. 7. celui de l'Amiral Hollandois Olivier de Noort. Ib. Tom. I. Liv. 2. & la Traduction du Voyage de Sebald de Wert, dans le Tom. II. du Recueil de la Compagnie des Indes.

diction apparente disparoît bientôt à la lumiere de l'examen.

Les géants de la Patagonie ne forment & ne peuvent former qu'une nation très-peu étendue : il est probable qu'alarmés par les descentes continuelles des Européens, ils se sont retirés de tems en tems dans l'intérieur des terres, aimant mieux affronter les foibles sarbacanes des Américains, que de lutter avec des étrangers armés du tonnerre.

Alors les Navigateurs qui ne virent plus sur la côte que des sauvages d'une taille ordinaire, en conclurent qu'elle n'avoit jamais été habitée par des colosses ; ils raisonnerent aussi conséquemment que ce Suédois, qui n'ayant passé qu'un quart-d'heure au Sénégal & n'ayant vu que des François dans notre comptoir, mit sur ses tablettes :

Observez qu'il n'y a plus de nègres en Afrique.

Les preuves de l'existence des géants Américains renaissent en foule au dix-huitieme siècle : sans parler ici du capitaine Harrington, de Frezier & de Shelwoort (*a*), le Commodore Byron, qui en 1764 & 1765 fit le tour du globe, porta cette vérité historique jusqu'à la démonstration (*b*). L'année suivante deux

---

(*a*) Hist. des Navigations aux Terres Australes du Président de Brosses, Tom. II. pag. 329 : Voyage de Frezier, pag. 76, &c.

(*b*) » Ces hommes gigantesques [dit l'E-
» diteur du Voyage] parurent aussi éton-
» nés de nos mousquets, que nous l'étions
» de leur taille...

» Le Commodore fit asseoir ces Sauvages,
» & leur distribua des colifichets.... Leur
» grandeur étoit si extraordinaire, que mê-

François, MM. Duclos & la Giraudais, partis des isles Malouines pour visiter le détroit de Magellan, revirent ces géants (*a*), & confir-

» me assis ils étoient presqu'aussi hauts que » l'Amiral debout.,... Leur taille moyenne » parut de huit pieds, & la plus haute de » neuf pieds & plus ; [observez que le pied d'Angleterre a près d'un pouce de moins que notre pied de Roi] » la stature des fem- » mes est aussi étonnante que celle des hom- » mes, & on remarque dans leurs enfants » les mêmes proportions. « — Voy. autour du Monde de Byron, Traduct. Françoise, pag. 73, &c.

Les Patagones caresserent le Commodore ; mais, dit l'Historien Anglois, *leurs caresses furent si expressives que j'eus beaucoup de peine à m'en débarrasser.* — Ce trait a été omis dans la Traduction.

(*a*) *Voyez* Voyage aux Isles Malouines de Dom Pernetti, seconde édition, Tom. 2. pag. 122. tout le Chap.

I v

merent le récit du chef-d'escadre Anglois ; afin de pousser le scepticisme dans ses derniers retranchements, ils apporterent en France des habits & des armes de ces colosses du Nouveau-Monde (*a*), & il ne resta plus de ressources aux Ecrivains qui s'étoient arrangés pour mettre les Patagons au rang des Vampires, que la voie des épigrammes.

Parmi ces Pyrrhoniens celui qui fit le plus de bruit fut l'Auteur des Recherches Philosophiques sur les Américains : c'est un spectacle plaisant que de le voir passer en revue tous les Navigateurs qui ont eu l'audace d'écrire une vérité qui le con-

---

(*a*) On peut les voir dans le Cabinet de M. Darboulin, Administrateur des Postes,

traire; accuſer le Chevalier Pigafetta d'être ſans lumieres, parce qu'il étoit ultramontain; faire de Sarmiento un héros viſionnaire; prétendre que le Rédacteur du Voyage de Spilberg prenoit des géants, qui ſautent d'une éminence à une autre, pour des rochers; & ſuppoſer que le Commodore Byron a été gagné par le Miniſtère Anglois, pour débiter des Contes de Gargantua, &c. &c. &c (*a*). Malheureuſement ce grand principe d'Hiſtoire Naturelle qu'il y a des géants dans les Terres Magellaniques, faiſoit écrouler par la baſe tout le ſyſtême de notre Philoſophe ſur la foibleſſe ori-

─────────────

(*a*) *Voyez* Rech. Philoſ. Tom. I. depuis la pag. 181 juſqu'à la fin, & ſa Réponſe à Dom Pernetti.

ginelle des indigènes du Nouveau-Monde, & un Ecrivain n'adopte pas volontiers une vérité qui lui coûteroit le sacrifice de trois volumes de paradoxes.

A Dieu ne plaise, au reste, qu'en admettant sur le globe des géants, comme individus & comme corps de nation, j'adopte toutes les rêveries qu'ont fait naître en Europe les squeletes des éléphants & des hippopothames : si jamais la balance de la Philosophie fut nécessaire, c'est dans cette matiere où il s'agit de peser avec soin l'autorité de chaque Voyageur, de distinguer l'audace du Charlatan qui trompe, de l'assurance de l'Homme de Lettres qui est trompé, & de mettre à la fois un frein à la crédulité & au scepticisme.

D'abord les Anciens qui mêloient sans cesse leur Mythologie à leur

Hiſtoire Naturelle, ne nous ont guères tranſmis, ſur l'article des géants, que des contes populaires: que penſer de ces ſqueletes de trente coudées dont parle Philoſtrate; de celui de quarante-ſix qu'on rencontra, au rapport de Pline, dans la caverne d'une montagne de Crète; & de cet autre de ſoixante, exhumé, à ce que dit Strabon, en Mauritanie, & qu'on prit pour le corps du géant Anthée, étouffé entre les bras d'Hercule? Les dimenſions de pareils coloſſes peuvent convenir à Micromégas, où à l'Ange à ſoixante-dix mille têtes de Mahomet; mais non à des corps organiſés comme les nôtres; c'eſt qu'avec l'imagination qui voit des hommes de ſoixante coudées, on fait plus aiſément des Romans Philoſophiques, ou même une Religion, que de bons Mémoires de Phyſique.

En général, il y a une nuance marquée dans toutes les productions de la Nature, le globe n'est pas peuplé uniquement de blancs & de noirs ; mais l'espèce humaine passe par mille teintes différentes avant d'arriver à la couleur d'un nègre Angola, ou à la blancheur d'une Georgienne : par le même principe, la Nature ne saute pas tout-d'un-coup des hommes de dix à douze pieds à des géants de soixante coudées : il y auroit des tailles colossales moyennes entre cet Anthée & nos Patagons, & où les trouver, sinon dans les Métamorphoses d'Ovide, ou dans les Voyages de Gulliver ?

Avec ce raisonnement on pourroit infirmer l fameuse découverte qui se fit en 1613, dans le Dauphiné, sur les terres du Seigneur de Langeon.

On trouva, dit-on, dans une fablonniere, à dix-huit pieds en terre, un tombeau renfermant un cadavre de vingt-cinq pieds & demi de long, avec cette inscription : *Teutobochus Rex* (*a*). Cette découverte alluma une guerre très-vive entre les gens de Lettres & les Médecins : Rioland, à la tête de la Faculté, soutint que le prétendu squelete n'étoit qu'un amas de dents de baleines ou d'os fossiles : les Sçavans écrivirent d'immenses Dissertations pour prouver que le Teutobochus devoit être le roi des Teutons & des Cimbres vaincu par Marius ; on se dit beaucoup d'injures littéraires de part & d'autre ; & aujourd'hui le tombeau

―――――――――――

(*a*) Mémoires de Trévoux, Janvier 1743, pag. 25.

& les livres qu'il a fait naître font également oubliés.

Il falloit qu'en 1678, le ridicule que la Philosophie avoit jetté à la fois sur les ennemis de Teutobochus & sur ses partisans, ne fût pas encore tout-à-fait effacé; puisqu'un Charlatan qui se disoit possesseur de la dent canine du géant Og, & qui l'envoya à Vienne pour en avoir deux mille sequins, ne put en trouver un écu ; l'Empereur qui soupçonna que le géant Og pouvoit bien n'avoir été qu'un éléphant, fit renvoyer la relique à Constantinople.

L'aurore de la Philosophie, qui vint éclairer le commencement du dix-huitieme siecle, sembloit avoir fait disparoître pour jamais tous ces phantômes de la crédulité, tels que les sorciers, les vampires & les géants

Anthée ou Teutobochus ; mais, en 1747, une Lettre de Smyrne insérée dans le Mercure (*a*), fit ajouter de nouvelles pages aux anciennes erreurs sur la Gigantologie.

On trouva, dit-on, dans un village de Macédoine, nommé Calonbella, à six lieues de Salonique, le sépulcre du géant le plus prodigieux dont il soit fait mention dans les Annales de la Terre ; Quesnet, Consul de France en Grèce, fit dresser un procès-verbal de la découverte ; & il paroît par ce monument que la derniere phalange du petit doigt avoit seule dix pouces de longueur, qu'une des dents pesoit dix-huit livres, & que le crâne pouvoit

---

(*a*) C'est celui de Juillet : *Voyez* la page 1576.

renfermer quinze quintaux de bled : en calculant toutes les dimensions du squelete & l'espace qu'il occupoit dans sa tombe, on suppose que le géant avoit au moins cent soixante-dix pans de hauteur, c'est-à-dire, plus de cent quarante pieds. — Ce trait a servi à Telliamed à mettre une nouvelle bordure à son tableau des hommes-poissons.

Le fait le plus embarrassant à expliquer, parce qu'il se trouve dans les Ephémérides des curieux de la Nature, est celui du squelete de dix-huit pieds qu'on trouva embaumé le siècle dernier, dans une grotte d'un jardin de la haute Calabre : des Physiciens ont beau dire que ces os étoient ceux d'un éléphant ; on ne s'avise pas d'accorder à un quadrupède de l'Asie les honneurs de l'embaumement, sur-tout en Italie : ce ne feroit tout au plus qu'à Siam ou au Pégu, qu'on feroit une momie après fa mort, d'un éléphant blanc, dont la fuperftition auroit fait un Dieu pendant fa vie.

Ma raifon admet avec bien moins de peine ces géants de fept pieds & demi qu'on trouva, il y a environ vingt ans, dans un tombeau de pierre de taille, entre Prefton & Karnicótt (*a*).

Ma crédulité ira même jufqu'à ne point contredire les Tranfactions Philofophiques de la Société Royale de Londres, dans la defcription du crâne d'un géant de douze pieds (*b*).

Paffé ce terme, je ne balancerai pas à prononcer que tous les fque-

---

(*a*) Affiches de Paris, ann. 1755.
(*b*) *Voyez* num. 168 & 169.

letes offerts par la Charlatanerie Philosophique, à la crédulité populaire, ne font que des amas d'ossemens de giraffes, d'hippopotames, d'éléphants ou de rhinoceros.

Quant aux cadavres gigantesques qu'on a exhumés en différens tems dans l'isle de Sainte-Hélène, à Mexico & au Pérou; il me semble qu'on ne peut résoudre le problême qu'en supposant que ce sont des ossemens qui appartiennent aux ancêtres des Patagons.

D'abord, il n'y a dans tout le Nouveau-Monde, ni giraffe, ni hippopothame, ni éléphant, ni rhinoceros: la Nature qui a conservé sa vigueur dans les reptiles, y est totalement dégénérée dans les quadrupèdes (*a*).

(*a*) Le tapir qui n'est que de la grandeur

L'Auteur des Recherches Philosophiques, n'osant nier tout-à-fait la découverte de ces grandes dépouilles colossales, suppose qu'elles appartiennent à des quadrupèdes inconnus qui habitoient le Nouveau-Monde avant la grande révolution physique qui l'a dégradé ; mais par quelle manie recourir à de grands animaux inconnus, quand on a sous les yeux de grands hommes, vivant de tems immémorial dans les Terres Magellaniques ? De plus, est-il nécessaire de faire subir à la moitié du globe un cataclysme qui anéantisse ou dégrade l'espèce animale, pour expliquer à quel degré de l'échelle des êtres on doit placer des squeletes de douze pieds ?

---

d'un veau, est le plus grand des quadrupedes qu'on ait trouvé en Amérique.

Cependant cette idée est bien moins bifarre encore que celle du Pasteur Bertrand, qui ne voyant dans le globe qu'un vaste amas de décombres, suppose qu'il fut autrefois habité par des Anges qui se révoltèrent, & furent foudroyés: leurs membres mutilés, dans cette hypothèse, ont fourni tous les grands squeletes & ossemens fossiles qui sont parsemés dans les deux continens (*a*). Ainsi ce sont Astaroth, Satan & Belzebuth qui ont fourni la dent molaire du géant Og, le cadavre du roi Teutobochus, le crâne du colosse de Salonique, & les os pétrifiés des ancêtres des Patagons.

―――――――――

(*a*) Essai sur l'origine de la population de l'Amérique, Tom. II. de l'édition in-12. pag. 298.

C'est assez repaître la curiosité, des erreurs de l'esprit humain sur les géants, il est tems de résumer quelques principes qui peuvent servir au Philosophe de la Nature.

La Nature peut faire des géants parmi les hommes, comme parmi les quadrupèdes & parmi les végétaux.

Il y a eu de tout tems des individus humains dont la taille colossale a excité l'admiration du peuple, & l'envie de ceux qui n'étoient que des nains dans la classe des Naturalistes.

Un de ces hommes gigantesques a trouvé une femme d'une taille colossale, & voilà un peuple de géants, voilà des Patagons.

Jusqu'ici nous n'avons de monuments autentiques que sur des géants d'un peu plus de dix pieds ; mais que ne feroit peut-être pas la Nature, si une révolution physique du globe le ramenoit dans ces tems heureux où l'angle d'inclinaison de l'équateur sur le plan de l'écliptique étoit effacé ; les hommes n'ayant point alors à lutter contre l'intempérie des saisons, jouissant d'un ciel toujours sérein, & vivant, sur un sol également fertile, pourroient, je pense réaliser la fable de Teutobochus, & vivre dix fois autant que Fontenelle.

Si les globes qui roulent dans l'immensité de l'espace sont habités par des intelligences qui nous ressemblent, il est probable que ceux dont le diamètre est plus grand que celui de la terre, sont aussi peuplés d'hommes de plus haute taille ; peut-être y a-t-il des Mondes autour de Sirius où vivent des géants, devant qui nous

nous ne serions que des infiniments petits ; ce qui ne laisseroit pas que d'humilier un peu l'orgueil de nos Philosophes.

Depuis les grandes révolutions que notre Planète a souffertes, il est difficile qu'un peuple de géants s'étende & se perpétue : ajoutons que la jalousie du commun des hommes mettra un obstacle éternel à sa propagation ; & que serviroient à une armée de Patagons les armes de la Nature contre celles de l'industrie ? un canon de quatre livres de balles, ne rend-il pas tout égal entre un Lapon & un homme de dix pieds ?

J'expose ici les effets du Machiavélisme Européen, mais je ne le justifie pas ; ce sera toujours à mes yeux un crime atroce de chercher à anéantir une race d'hommes, uniquement à cause de sa supériorité, &

de punir des géants de ce que la Nature ne nous a pas donné leur embonpoint, leurs organes & leur taille.

Des Nains.

Si la vanité humiliée a fait naître tant de doutes sur l'existence des Patagons, cette même vanité satisfaite a multiplié les contes populaires sur la race dégénérée des nains.

Aristote, qui vouloit peut-être consoler Alexandre de sa petite taille, s'étend, dans son Histoire des Animaux, sur les Pygmées, sorte d'avortons de l'espèce humaine, qui devroient n'avoir qu'environ deux pieds de hauteur ; il combat les sceptiques qui révoquent en doute ce phénomène, & il place ces embryons vivants en Egypte vers les sources du Nil (*a*). Malheureuse-

―――――――――――――

(*a*) Le texte est clair ; l'Interprète Latin

ment Aristote se trompe à la fois, comme Géographe, comme Historien & comme Philosophe : les sources du Nil ne sont pas en Egypte, mais en Ethyopie; il n'y a jamais eu de race humaine seulement de la taille des Lapons, ni dans les Etats de Pharaon, ni dans ceux des Nègres : enfin un peuple nain de deux pieds de haut est impossible tant que la Nature ne formera pas des êtres intermédiaires, entre lui & les Esquimaux qui ont quatre pieds.

Pline a travaillé sur des Mémoires

---

qui traduit toujours mot pour mot, s'exprime ainsi ; *Hic locus est quem incolunt Pigmæi, non enim id fabula est.* Hist. Anim. Lib. 8. — Alexandre paya à son Précepteur près de trois millions ses contes & ses recherches en Histoire Naturelle, & peut-être ses recherches à cause de ses contes.

infidèles, quand il place des Pygmées parmi les Scythes : s'ils avoient existé, ils n'auroient pu se propager au-delà d'une génération au milieu d'un peuple féroce avant qu'il eût des loix, & lors même qu'Anacharsis lui en eut donné.

Philostrate, de son côté, affirme que les Pygmées habitent sur les bords du Gange ; mais il affirme aussi qu'Apollonius opéroit en se jouant les plus grands miracles ; & quand on fait du Comus de Thyane un Thaumaturge, on peut faire des sujets de Porus des Pygmées.

Le plus absurde des partisans des Pygmées est, je crois, Crésias, qui prétend qu'ils forment la Compagnie des Gardes du plus puissant des Rois de l'Inde, & que ce Monarque en a trois mille à sa solde ; trois mille soldats d'environ vingt pouces de haut : voilà un singulier rempart pour ces trônes mobiles de l'Asie, que sous le plus léger prétexte renverse un mécontent, pour en être bientôt renversé à son tour !

Homère a peut-être donné lieu à toutes ces rêveries, en comparant, dans le troisième Chant de l'Iliade, les Troyens à des Grues qui fondent sur des Pygmées : si l'Ariofte avoit écrit dans le siècle d'Homère, il est probable que nous aurions en plusieurs volumes l'Histoire des Hyppogryphes.

Les visionnaires qui ont écrit celle des Pygmées, leur ont donné des ennemis dignes d'eux : voilà les Commentateurs d'Homère qui leur font faire la guerre aux grues ; Ménéclès, dans Athenée, soutient qu'ils combattent en bataille rangée les compagnies de perdrix ; & d'autres plus fous encore, prétendent qu'ils montent sur les perdrix même pour se battre avec les grues : probablement que ces perdrix, qui portoient des cavaliers de deux pieds de haut, avoient du moins la taille d'une autruche (*a*).

Paracelse est le dernier sçavant qui ait écrit en faveur des Pygmées ; il est vrai qu'il les place dans la région aërienne, & ce n'est sûrement pas dans la compagnie des Sylphes & des Gnomes que les Physiciens iront les chercher.

Laissons-là les Romans Poëtiques,

―――――――――

(*a*) Pigafetta encore plus absurde, raconte que dans l'isle de Aruchetto, il y a des nains d'une coudée de long, qui ont des oreilles si larges qu'ils peuvent se coucher sur l'une comme sur un matelas, & faire servir l'autre de couverture.

Ce délire de la crédulité a passé jusqu'à

d'Homère, les Romans Historiques de Philostrate & les Romans Chymiques de Paracelse, & appuyons-nous de quelques faits & de quelques raisonnements pour nous traîner vers la vérité.

Il n'y a pas plus de Pygmées de vingt pouces que de Géants de vingt pieds.

Mais tous les monuments les plus autentiques attestent qu'il y a des peuples nains d'environ quatre pieds de haut, au Nord de l'Europe, dans la partie septentrionale du Nouveau-

---

ce siècle; on a vu le Moine Mésange, dans une Description du Groënland, peupler le Nord de Diables & d'Oyes sauvages, qui se battent avec les pygmées de ces climats; & après leur victoire les transportent au-delà des nues, probablement à la queue de quelque comète.

Monde, & au centre de l'isle de Madagascar.

Tous les Physiciens de l'Europe connoissent les Lapons, les Zembliens, les Samojèdes & les Groënlandois, espèce d'avortons de la race humaine, ayant à peine quatre pieds de haut ; joignant à ce vice héréditaire une peau basanée, une voix grêle, une grosse tête & un nez écrasé ; condamnés à vivre sous terre, des nuits de plusieurs mois ; aveuglés de bonne-heure par la réflexion des neiges éternelles de leur climat, & fiers cependant de leur dégradation, comme une Géorgienne le seroit de sa beauté.

L'homme moral chez ces habitants du cercle polaire semble aussi dégénéré que l'homme-physique : superstitieux comme des Egyptiens, stupides comme des nègres-blancs, offrant leurs femmes difformes aux étrangers qui les dédaignent; le Physicien est tenté de les prendre pour la race intermédiaire, qui sépare l'homme de l'Ourang-outang.

Ce portrait convient presqu'en tout point à ces hommes qui végètent au Nouveau-Monde, depuis la Terre de Labrador & la Baye d'Hudson, jusqu'aux dernières régions habitées du Pôle: on remarque seulement que le voisinage de la mer les rendant plus industrieux, ils se construisent des canots légers qui se ferment hermétiquement, que les vagues renversent, mais ne peuvent engloutir, & à l'aide desquels ils entreprennent, sans boussole, des voyages de long cours; ajoutons à ces singularités, qu'ils aiment leur patrie comme Caton aimoit Rome, & Algernon Sidney la Grande-Bretagne : cependant cette patrie ingrate ne fournit pas même à leurs besoins, & c'est par nécessité qu'ils sont Ichtyophages.

Les Naturalistes ont jusqu'ici soutenu, que si les habitants du Nord de l'Europe, ou de celui du Nouveau-Monde étoient des nains, c'est que l'âpreté du froid contractoit leurs fibres, rapetissoit leur taille & dégradoit leur machine : malheureusement cette idée n'est qu'un système, parce qu'il est démontré que si la Nature a mis des peuples nains vers le Pôle, elle en a aussi placé sous la Zône Torride.

C'est le célèbre-Commerson, envoyé aux Indes par le Gouvernement pour le progrès de l'Histoire Naturelle, qui constata le premier cette découverte ; je connois la Lettre qu'il écrivit à ce sujet au Président de Brosses, & qui a fait naître un Mémoire curieux lu, en 1772, dans une Académie.

Au centre de l'isle de Madagascar est un peuple nain, connu des insulaires sous le nom de Quimosses : leur taille est d'environ quatre pieds : ils ont la peau d'un noir très-clair, les membres gros & de la laine frisée sur la tête (*a*) ; retranchés dans les montagnes qu'ils habitent, & n'ayant à opposer que leur sagaye à

(*a*) Quant aux femmes, celle que M. de Commerson vit chez le Comte de Modave, Gouverneur du Fort Dauphin, & qui étoit âgée de trente ans, avoit le sein parfaitement plat : si toutes les Quimosses ont la même organisation, elles forment un contraste singulier avec les naines de la Laponie & de la Baye d'Hudson, dont les mammelles sont assez longues pour donner à tetter aux enfants par-dessus l'épaule.

l'artillerie des Européens & des Malgaches, ils ont, dit-on, fçu maintenir leur indépendance ; mais il est plus probable qu'ils ne doivent leur liberté qu'à leur indigence, & à leur foiblesse : les peuples qui les environnent ont dû être peu ambitieux de conquérir des rochers, & de faire des nains esclaves.

En général, c'est peut-être un bonheur pour les nains des deux Mondes d'être nés petits, foibles & hideux, ils ne subiront point les contraintes & les opprobres de la servitude ; incapables de discipline dans les armées, sans vigueur pour les travaux des mines & des sucreries, & trop peu intelligents pour vivre dans les Serrails, ils échappent par leur inertie même à toute l'activité de la tyrannie ; l'habitude où ils sont de vivre isolés dans leurs déserts, les empêche de comparer leur organisation avec celle du reste des hommes : ainsi le mal physique pour eux n'est presque rien : quand au mal moral, puisqu'ils ne le doivent qu'à eux-mêmes, ils auroient tort de s'en plaindre.

Il est donc inutile d'inviter ici l'Europe à la tolérance : les nains paroîtront toujours trop vils aux persécuteurs de l'espèce humaine, pour être mis au nombre de leurs victimes : la fierté des tyrans dédaignera des êtres que leur rage ne peut opprimer : pour le Philosophe, il n'opprime ni ne dédaigne personne, parce que rien n'est vil, ni coupable à ses yeux, de tout ce qu'a fait la Nature.

D'un paradoxe sur l'enfance des peuples du Nouveau-Monde.

M. DE BUFFON avoit conjecturé que la Nature encore dans son adolescence au Nouveau - Monde, n'avoit commencé que depuis peu à y organiser les êtres (*a*). Ce peu de lignes germant dans une imagination ardente, a fait naître les trois volumes des *Recherches Philosophiques sur les Américains* : ouvrage singulier, mais plein de connoissances, & qui feroit désirer que l'Auteur au

---

(*a*) Ce Naturaliste, au reste, a déclaré que son hypothèse n'embrassoit que les plantes & les animaux : il a mieux aimé être inconséquent que dangereux.

lieu de faire revivre Telliamed, eût voulu être lui-même.

Un ouvrage de la nature de celui-ci ne comporte point une critique étendue; & quand même il l'exigeroit, mon adversaire étant vivant, ma plume pacifique craindroit de s'y arrêter; je me contenterai donc d'un petit nombre d'observations, que je soumets d'avance aux lumières de l'Ecrivain ingénieux que je suis contraint de réfuter.

Tout le Livre de notre Philosophe est fondé sur ce principe, que les Américains ont toujours été sans force physique, sans vigueur dans l'ame & sans caractère, qu'on doit les considérer comme une race d'hommes enfants, & une espèce déja dégénérée en sortant des mains de la Nature.

Mais supposer cent cinquante millions d'hommes enfants, c'eſt calomnier le Nouveau-Monde ; & avancer que les eſpèces dégénèrent dans leur germe, c'eſt calomnier la Nature.

Des hommes condamnés, comme l'imbécile Ibrahim, à une enfance éternelle, devroient annoncer dans le phyſique de leurs perſonnes la foibleſſe de leur intelligence : leurs organes devroient être altérés ou obſtrués, & c'eſt ce qu'on n'a pas encore remarqué dans les Américains : dans le tems même de la découverte du Nouveau-Monde, on y rencontra des peuples tels que les Caraïbes, qui par la fineſſe des ſens, & la vigueur du tempérament, ſe trouvèrent plus hommes que leurs conquérants : la taille des ſauvages, dans l'hypothèſe du Philoſophe, devroit encore déſigner leur enfance :

or, il avoue que les Américains étoient à-peu-près aussi grands que les Castillans qui les subjuguerent (a); & ce qui n'est pas moins vrai, quoiqu'il ne l'avoue pas, c'est que de tems immémorial les Terres Magellaniques ont été habitées par des géants.

Des enfants ne se rassemblent pas en corps de peuple; ainsi des peuples enfants sont une contradiction dans les termes.

Des enfants sans vigueur & dégénérés dès le berceau ne sçauroient se propager : or, malgré l'intempérie de l'air, l'humidité malfaisante du sol & le grand nombre de maladies épidémiques, dont l'indigène du

―――――――――――

(a) Recherch. Philosoph. sur les Améric. Tom. 1. pag. 35.

Nouveau-Monde étoit affiégé, la population de ce continent a été prodigieuse. Je ne m'autoriserai point de l'hyperbolique Riccioli, qui mettoit trois cents millions d'hommes en Amérique au tems de sa découverte ; mais le judicieux Sulmich, qui a passé quarante ans de sa vie à faire des recherches sur la population de ce globe, est persuadé que le Nouveau-Monde avant Colomb ne pouvoit pas contenir moins de cent cinquante millions d'hommes : ce seroit environ vingt millions de plus qu'en Europe. Quoi ! la Nature auroit pu placer cent cinquante millions d'enfants dans un hémisphère ! Si cela est, elle n'a placé dans l'autre, d'hommes faits, que le Philosophe que je réfute.

Comment ose-t-on affirmer que tous les Américains sont nécessairement sans vigueur physique ? a-t-on oublié le mot de Guatimosin étendu sur un bûcher ardent : *& moi, suis-je sur un lit de roses ?* ne subsiste-t-il plus aucune relation sur ces sauvages du Nord de l'Amérique, qui tourmentés plus cruellement que Régulus dans Carthage & Damiens à la Grève, insultent à la pusillanimité de leurs bourreaux, & entonnent l'hymne de leur mort comme si c'étoit des chants de victoire.

Je sçais que les Espagnols répandirent d'abord que les sauvages des Indes Occidentales pourroient bien n'être que des Ourang-Outang, & il fallut une Bulle du Pape pour les remettre au rang des hommes ; mais ces brigands qui devastèrent le Nouveau-Monde ne cherchoient, en le calomniant, qu'à justifier leurs massacres : & quel besoin avoit l'Auteur des Recherches Philosophiques de calomnier les Américains, lui qui a écrit avec une plume de feu en faveur de la tolérance, & dont l'ame honnête s'indigne, à chaque page, des attentats du fanatisme contre la morale de la Nature?

Une preuve, dit on, que l'indigène du Nouveau-Monde est un enfant ou un homme dégénéré, c'est qu'on ne peut appeller un Espagnol Américain, sans lui faire le plus grand des outrages (*a*). Mais après les meurtres abominables commis de sang-froid par les Nunnès, les Cortès & les Pizarre, pense-t-on qu'on auroit flatté un Américain en le nommant Espagnol? Pour moi, si je pouvois être offensé par des noms,

---

(*a*) Recherch. Philos. Tom. 1. pag. 164.

je le ferois bien moins de celui de la colombe ſtupide qui meurt ſans ſe défendre, que de celui de l'épervier féroce qui la déchire.

Les faits particuliers qu'on pourroit alléguer en faveur de l'enfance des Américains, ne ſont point concluants aux yeux des Naturaliſtes : il eſt vrai que dans toute l'étendue du Nouveau-Monde les hommes étoient imberbes, comme les enfants & les eunuques ; mais les Chinois le ſont auſſi, du moins il ne leur croît que deux ou trois épis au menton ; or il n'y a point de climat ſur toute la ſurface du globe où la population ſoit plus immenſe : c'eſt cette partie de l'Inde, & non le Nord de l'Europe qu'il faut appeller, avec Jornandès, la fabrique du genre humain.

Notre ſceptique, qui ne reconnoît d'autres autorités que celles qui favorisent ses paradoxes, infirme tous les récits que les Voyageurs ont fait de l'état florissant des empires du Nouveau-Monde ; il suppose qu'il est impossible que Mexico eût sous le règne du dernier Montézuma soixante-dix mille maisons & trois cents cinquante mille habitants ; puisqu'aujourd'hui on n'y compte que soixante mille ames en y comprenant les nègres, les mulâtres, les indigènes & leurs conquérants (*a*). Mais quel parallèle peut-on faire de Mexico sous l'Inquisition Espagnole & de Mexico sous ses Rois ? Ne sçait-on pas que Cortès, à la tête de ses trois cents brigands, ne put s'y maintenir qu'en égorgeant les

―――――――――――

(*a*) Recherch. Philos. Tom. 2. pag. 202.

deux tiers des habitants ? Ne sçait-on pas qu'à cause de l'intempérie du climat, l'Afrique & l'Espagne s'épuisent à y envoyer des colonies ? Est-ce après avoir fait d'une ville le tombeau de ses citoyens que l'Européen, qui meurt de la peste sur ses ruines, doit faire un crime à la Nature de sa dépopulation ?

Il suffit souvent qu'une ville cesse d'être indépendante pour perdre sa population : voyez Athènes sous ses Archontes, & Athènes sous les Bachas Ottomans ; Rome gouvernée par Paul Emile, & Rome sanctifiée par les Papes.

On voit à la lecture réfléchie des Recherches Philosophiques, que l'Auteur en compulsant les Voyages, a soin d'en emprunter tout ce qui peut favoriser son opinion, & de supprimer toutes les autorités qui le contredisent.

tredifent. Mais comment quand on a affez de talents pour annoncer la vérité, ne les employe-t-on qu'à créer un fyftême ?

Quand on parcourt un Ouvrage dans l'intention de s'en faire une autorité, on lit fouvent ce qu'on défire d'y trouver, plutôt que ce qui s'y trouve réellement : on fe fait accufer par le Philofophe d'enthoufiafme, & par l'ignorant de mauvaife foi.

A Dieu ne plaife que je mette du fiel dans une critique, que je ne fais que malgré moi ! mais je fuis bleffé à chaque page de l'artifice avec lequel les Recherches Philofophiques font écrites ; par exemple, parce que M. de la Condamine a écrit que les Yameos & les Brafiliens ont une arithmétique qui ne va pas au-delà du nombre trois, pourquoi notre Philofophe affirme-t-il que c'eft le défaut général de toutes les langues du Nouveau-Monde (*a*) ? Tous les

---

(*a*) Voici le texte des deux Ecrivains, lifez & jugez :

» Poettavavoincouroac fignifie dans la » langue des Yameos, peuple de l'Amérique » méridionale, le nombre de *trois* : heu- » reufement pour ceux qui ont affaire à eux, » leur arithmétique ne va pas plus loin; » quelque peu croyable que cela paroiffe, ce » n'eft pas la feule nation Indienne qui foit » dans ce cas. La langue Brafilienne parlée » par des peuples moins groffiers eft dans la » même difette ; & paffé le nombre *trois*, » ils font obligés pour compter d'emprunter » le fecours de la langue Portugaife. —— Voyage de M. de la Condamine, pag. 66.

» Les langues de l'Amérique font fi bor- » nées, fi deftituées de mots, qu'il eft im- » poffible de rendre par leur moyen un fens » Métaphyfique : il n'y a aucune de ces lan- » gues dans laquelle on puiffe compter au- » delà de trois. —— Rech. Philof. fur les Américains, Tom. 2. pag. 162.

peuples de l'Amérique sont-ils des colonies des Yameos & des Brasiliens? & deux hordes de sauvages ont-elles envoyé sur la moitié du globe des missionnaires pour y prêcher la nécessité d'admettre leurs usages absurdes, les gloussements de leur idiôme & la stérilité de leur arithmétique ?

Le grand défaut du Livre que j'analyse, est de généraliser tout : parce que les Yncas se sont mal défendus contre Pizarre, donc il est de l'essence de tout Américain d'être sans valeur ; parce que les Péruviens, énervés par le soleil brûlant de la Zône Torride, périssoient par milliers dans les travaux des mines, donc un Algonquin, un Caraïbe & un Patagon sont des femmes ?

L'intelligence des indigènes du Nouveau-Monde n'est pas plus épargnée que leur vigueur Physique &

leur courage : *Au quinzième siècle, dit notre Philosophe, il n'y avoit pas un Américain qui sçût lire ou écrire ; & aujourd'hui encore, il n'y en a pas un qui sçache penser* (a).

Si cet axiôme est vrai, il faut brûler tous les Livres : tout le monde connoît les Quipos du Pérou & les Tableaux Hiéroglyphiques du Mexique ; on voit encore dans la Collection de Purchass, la traduction d'une Histoire de douze Empereurs Mexi-

___

(a) Recherch. Philos. Tom. 2. pag. 153. L'Auteur en donne la raison dans le même article : *C'est que la Nature ayant tout ôté à un hémisphère de ce globe pour le donner à l'autre, n'avoit placé en Amérique que des enfants, dont on n'a pu encore faire des hommes.* —— Il est vrai que la Nature nous avoit donné du fer, & ce métal a décidé lequel des deux hémisphères étoit habité par des enfants ou par des hommes.

cains, écrite par un Américain, avant l'invasion de Cortès. Garcilasso, de la race des Yncas, a publié celle de sa malheureuse patrie ; & l'Anglois Timberlake a donné un Mémoire raisonné sur la poësie & l'éloquence des Iroquois. — L'Américain libre avoit les pensées de la Nature, & nous n'étions pas à portée de les entendre : l'Américain esclave maintenant, n'ose penser ; mais s'il pensoit aujourd'hui, demain il seroit libre, & le génie du mal auroit la moitié du globe de moins pour y exercer ses fureurs.

Les Recherches Philosophiques en imposent encore, quand elles font entendre que l'Européen qui séjourne dans le Nouveau-Monde, y voit dégénérer son intelligence : le voyage du célèbre la Condamine ne se ressent point de cette inertie épidémique ; nous avons d'excellents Mémoires sortis de l'Académie des Sciences fondée à Philadelphie, & c'est dans ce climat dégradé que Franklin est devenu le Descartes de l'Electricité.

J'en ai dit assez pour réhabiliter le nouveau continent ; & je termine ici ma critique que j'aurois désiré de n'avoir jamais eu occasion de commencer.

La Nature ne s'est donc pas méprise dans un hémisphère entier. Les Américains sont donc des hommes.

Quoi ! les Américains sont des hommes ? & vous, brigands de la Castille, vous avez été à leur chasse comme les Anglois l'ont été à celle des loups, destructeurs de la Grande-Bretagne.

Et toi, premier Evêque de Mexico, fanatique Sumarica, tu as fait brûler leurs Livres, pour qu'il ne restât sur les ruines de la patrie des Américains aucun monument de leur intelligence.

Et vous, monftres de la Propagande, vous avez été la croix d'une main & le poignard de l'autre, punir l'adorateur pacifique du foleil, de n'avoir jamais adoré des dieux antropophages.

Colomb, je refpecte ta mémoire, tu ne gouvernas point les Indiens avec un fceptre de fer ; tu conduifis des vautours au Nouveau-Monde, mais tu ne l'étois pas, & l'Efpagne ingrate t'en punit : fi tu avois prévu les Tragédies abominables que les Vicerois qui te fuccédèrent jouèrent en Amérique, tranquille dans les murs de Gênes, tu aurois laiffé repofer ce génie pour les découvertes, que la soif de l'or rendit bientôt fatal à un hémisphère.

Mais toi, Cortès, qui à la tête de tes quatre cents brigands, fis disparoître en trois ans du Nouveau-Monde trente millions de ses habitants (*a*) ; crois-tu que l'enthousiasme de tes historiens & le délire de l'Ecrivain qui t'a fait le héros d'un Poëme épique, m'empêchera de mettre ton nom à côté de ceux des Catilina, des Borgia, des Locuste & des Brinvilliers ?

Et toi, Pizarre, qui rendis un

(*a*) En 1518, le Mexique, suivant les Annalistes Espagnols, étoit peuplé de trente millions d'hommes ; en 1521, il étoit déja désert, & on fut obligé de faire venir des isles Lucayes & des côtes d'Afrique de nouveaux colons, afin que le conquérant qui avoit un trône eût des sujets.

Yncas parricide, & qui enfuite le fis pendre. — Et toi, Nunnès, qui forças le Cacique de Quarequa à s'avouer fodomite, afin de le faire dévorer par des chiens avec tous fes fujets. — Et toi, Soto, qui menas à la conquête de la Floride un dogue monftrueux que tu appellas Brutus, parce qu'il mangeoit les Indiens (*a*) : que ne pouvez-vous revivre tous pour voir l'opprobre, où, malgré vos exploits, l'homme de bien a condamné votre mémoire !

Quoi ! les Américains font des hommes, & dans l'efpace d'un demi-fiècle il y en a eu cinquante mil-

---

(*a*) Ce dogue engraiffé de la chair des Américains, fut enfin tué à coups de flèches, & *fa mort*, dit Garcilaffo, ou plutôt fon ftupide Rédacteur, *affligea extrêmement les Chrétiens*.

lions d'exterminés, soit qu'ils ayent été passés au fil de l'épée par les Castillans, étouffés dans les mines du Potosi, submergés à la pêche des perles de la Californie, dévorés par les chiens de Soto & de Nunnès, ou brûlés en cérémonie par les Dominicains de la Propagande !

Et l'atroce Sepulveda a décidé Théologiquement que ce n'étoit pas même un péché véniel de tuer un indigène du Nouveau-Monde !

Et le farouche Philippe II. calculoit tranquillement les richesses stériles de son trésor, tandis que l'Espagne s'épuisoit pour envoyer en Amérique des colonies de tirans & de déprédateurs !

Illustres scélérats, qui vous faites un jeu de fouler les mondes, despotes, inquisiteurs, conquérants, puissent les hommes s'éclairer enfin sur le Machiavelisme de votre politique ! puisse l'enfer engloutir vos Divans, vos Conseils de Guerre & vos Autodafé ! & puisse ma haîne poursuivre votre mémoire jusqu'à ce que ce globe, que vous avez inondé de sang, cesse d'être habité par la postérité de vos victimes !

De l'Homme Marin.

TELLIAMED & l'Auteur de la *Nature* ont rassemblé sur l'existence de cet homme amphibie une multitude de faits, dont le grand nombre porte le caractère de l'imposture ; quelques-uns sont douteux, & d'autres ont le sceau de l'autenticité (*a*). Si donc le rapprochement de tous ces faits isolés, n'a fait que confirmer le scepticisme des demi-Philosophes, c'est que ces deux Ecrivains semblent avoir moins travaillé pour

---

(*a*) *Voyez* Telliamed, édit. in-12. Tom. 2. pag. 178. & les Considérations Philosophiques sur la gradation naturelle des formes de l'Etre, pag. 106.

la vérité, que pour donner une base à leurs systêmes : l'un nous fait poissons pour prouver que l'Océan, il y a quarante mille ans, couvroit le pic de Ténériffe; & l'autre, plein de son idée sur l'apprentissage de la Nature, voudroit que dans le grand attelier où se fabriquent les êtres, l'homme à écailles ne fût qu'une ébauche, tandis que l'homme parfait seroit ce Grec qui servit de modèle à l'Apollon du Belvedère.

On ne peut douter que de tems immémorial il n'y ait eu une tradition suivie & uniforme sur l'existence de l'homme de mer : Agatarchide en parle sous le nom d'Œthiops (a), & Pline sous le nom de

─────────────────────────

(a) Nous ne connoissons cet Ecrivain que par la Bibliothèque de Photius; il dit que

Triton (*a*); c'est sur ce fondement qu'est bâtie la fable des Sirènes, & le fait étoit consigné dans les monuments de la Physique long-tems avant qu'Ovide l'embellît dans ses Métamorphoses.

---

pendant long-tems les pécheurs ne voulurent ni manger ce poisson, ni le vendre, à cause de sa parfaite ressemblance avec nous; le scrupule cessa bientôt, & les Apicius firent servir l'Œthiops à leur table sans se croire antropophages.

(*a*) Ce Naturaliste cite même des faits arrivés de son tems : tels que l'ambassade qu'on envoya de Lisbonne à Tibère, pour annoncer à ce prince la découverte qu'on avoit faite d'un Triton, qui jouoit du cor sur un rocher de l'Océan; & le certificat donné à Auguste, par un gouverneur des Gaules, sur l'existence de quelques Néréïdes qu'on avoit trouvé mortes sur le rivage. — Voyez *Hist. Natur. Lib. 9. Cap. V.*

L'Œthiops d'Agatarchide est probablement, le Pece-Muger, sorte de poisson Antropomorphe, dont le corps humain se termine en queue de poisson, & qu'on pêche de tems en tems dans la mer des Indes Orientales (a); c'est le Triton à queue de

---

(a) Le texte du grand Anatomiste Ruisch n'est pas équivoque : — *Capitur in mari Orientali Indiæ ad insulas Viſſajas piscis quidam.... Humana prorsus figurâ quem pece-muger vocant.... pectus alba cute contestum, hinc atque hinc paulo latius quam pro corpore in mammas extuberans : neque eas ut fœminis pendiculas, sed quales virginibus globosas, plenas lactis candidissimi.... in administris soboli propagandæ membris in utroque sexu nulla ab humanis distinctio : posthac in piscem cauaa desinit.* — Ruisch, *de Piscibus*, Tit. III. Cap. I. — Cette description rend vraisemblable le crime des nègres de Mozambique, qui violent, dit-on, le pece-

Catangue, qu'on vit en 1671 près de l'isle du Diamant (*a*); & que Glouer rencontra cinq ans après sur le rivage de la Virginie (*b*): on peut le regarder comme l'Orang-Outang de la mer, ou l'être intermédiaire qui lie l'homme aux poissons.

Au reste, le poisson Antropomorphe n'est pas le véritable homme de mer; il ne faut donner ce nom

---

muger pendant sa vie, & en abusent après sa mort.

(*a*) Le procès-verbal de cette découverte est imprimé dans plusieurs Livres. — Le prétendu monstre fut vu à différentes reprises par deux François & quatre Nègres qu'on interrogea à part, & dont toutes les dépositions se trouverent conformes; la minute de l'acte est au greffe de la Martinique.

(*b*) *Voyez* le Journal des Sçavants, Année 1676, pag. 151.

qu'à la Néréide de Jonston, prise, en 1403, dans un lac de la Hollande, & qui n'étoit distinguée d'une Françoise que parce qu'elle ne parloit pas *(a)* : on peut aussi désigner ainsi l'amphibie, homme parfait quoique couvert d'écailles depuis la la ceinture, trouvé sur la fin du siècle dernier dans les mers du Groënland, & qui conduisoit une petite barque faite de peau de requin, avec laquelle tantôt il plongeoit au fond de la mer, tantôt il se jouoit sur sa surface *(b)* ; semblable à ces cames

***

(a) Voyez Supplément des Ephémérides des Curieux de la Nature. — Cette Néréide se laissa habiller, consentit à vivre de pain & de lait, & même apprit à filer. — Il falloit que la Nature l'eût fait amphybie.

(b) C'est un vaisseau Anglois de la ville

qui voguent fur l'Océan dans un tems calme, ayant une coquille élevée afin qu'elle leur ferve de voile, &

de Hall, qui fit cette finguliere decouverte : l'équipage étoit à cent cinquante lieues de terre occupé de la pêche du Groënland; tout-à-coup, fur le midi, le navire fut environné de foixante ou quatre-vingt petites barques, dans chacune defquelles il y avoit un homme marin : les chaloupes s'étant approchées, les pilotes amphibies eurent peur & ils plongerent tous à la fois dans la mer avec leurs canots ; cependant un d'eux en plongeant ayant caffé une de fes rames reparut quelque tems après fur l'eau, & fut pris par les Anglois : il vécut vingt jours à bord du vaiffeau fans dire un feul mot & fans vouloir prendre de nourriture : le canot & l'homme fe voient encore aujourd'hui à Hall dans la Salle de l'Amirauté ; & le procès-verbal de cette découverte avec le certificat du capitaine & de tout fon équipage fe lifent dans les Archives de cette Jurifdiction.

l'autre baissée afin qu'elle leur serve de navire; l'orage vient, & toute la flotte disparoît.

La plus grande difficulté qu'on fasse sur l'existence de l'homme de mer est notre organisation, qui semble nous exclurre essentiellement de la classe des amphibies; mais les Anatomistes sçavent assez que le trou ovale qui sert à la circulation du sang dans le fœtus peut rester ouvert dans un adulte, & qu'alors, l'homme peut vivre sans respirer; c'est ainsi qu'on explique comment les plongeurs de l'Inde, employés à la pêche des perles passent des heures entieres sous l'eau; & comment le fameux Jardinier Suédois de Troningholm vécut une nuit & la moitié d'un jour sous la glace sans se noyer (a).

(a) Vid. *Peklin de aëriis & alim. Conf.*

L'Auteur judicieux des *Mélanges d'Histoire Naturelle* a extrait de Dom Feijoo une histoire autentique, qui peut jetter quelque lumiere sur l'existence de l'homme de mer & sur son origine.

Un jeune Espagnol né à Lierganès & nommé François de la Vega, se baignant, au mois de Juin 1674, avec quelques-uns de ses amis, plongea tout-à-coup dans la mer & ne reparut plus : son pere le crut noyé ; c'étoit un homme du peuple, mais il auroit pu le croire encore, quand il auroit été Philosophe.

Cinq ans après, des pêcheurs de la

Cap. 10. — Cet Auteur parle aussi d'un certain Laurent Jonas, qui resta sept semaines sous l'eau sans mourir. — Sans doute il fut nourri dans l'intervalle par quelque Nayade.

mer de Cadix prirent dans leurs filets un homme de mer : on lui parla plusieurs langues, mais il ne répondit rien ; des Cordeliers l'exorcisèrent, mais il ne parla pas plus en qualité de diable, qu'en qualité de poisson : enfin, quelques jours après, ayant prononcé le nom de Liergans, un Moine le mena à ce village : sa mere & ses freres le reconnurent, & l'embrasserent ; mais l'amphibie parut aussi insensible à toutes ces caresses, que s'il étoit né d'un phocas ou d'un requin ; il resta depuis neuf ans de suite dans sa famille, sans recouvrer sa langue, ni sa raison : ensuite il disparut, & un de ses compatriotes prétendit l'avoir revu, quelques années après, dans la mer des Asturies (*a*).

―――――――――――――

(*a*) *Voyez* Mélanges d'Hist. Nat. Tom. V.

S'il étoit permis d'établir quelques conjectures dans une matiere auſſi délicate, je ferois tenté de croire qu'originairement il s'eſt trouvé un homme & une femme adultes qui ayant le trou ovale ouvert, auront dans le choix des éléments préféré l'eau à l'air ; & donné dans le fein de l'Océan naiſſance à un peuple amphibie, que l'ignorance Philoſophique aura appellé des monſtres, & dont la crédulité populaire aura fait des Néréïdes.

L'amphibie de Lierganès, quand

---

pag. 1. de l'édit. de Lyon, donnée en 1765. — Ce fait a été certifié dans le tems par les frères de la Vega, & par Dom Gaſpard de la Riba-Aguero, Chevalier de Saint-Jacques, demeurant à Gaïans, ſitué à demi-lieue de Lierganès, & qui donna pluſieurs fois à dîner à notre amphybie.

on le prit devant Cadix, avoit quelques écailles fur le corps, & la peau qui en étoit dépourvue dure comme du chagrin: fes écailles tomberent, mais fa peau conferva la rudeffe de l'élément groffier où il avoit vécu. — L'enveloppe extérieure n'eft donc point le caractère diftinctif d'un être, & on peut être homme avec la robe du requin, comme avec le tablier des Hottentotes & la laine frifée des nègres de Zanguébar.

Quand au Triton à queue de Carangue, s'il exifte, peut-être eft-il le fruit de l'union de l'homme de mer avec la femelle d'un poiffon; de pareils métis font infiniment rares, mais ne font pas impoffibles: en Efpagne même où l'Inquifition réprime jufqu'aux conjectures de la Phyfique, la famille de Marini fe donne pour tige une Efpagnole & un Triton (*a*); & cette généalogie bisarre trouve à Madrid plus de jaloux que d'incrédules.

Quelle que soit l'origine de l'homme de mer, soit qu'il forme le dernier degré dans l'échelle des variétés humaines, soit qu'il constitue le premier dans celle des poissons; il est toujours plus digne du Philosophe de la Nature de respecter dans cet amphibie le caractère de ressemblance qu'il a avec nous; & dans le traitement qu'on lui destine, de préférer le reproche d'être trop crédule, au remord d'avoir été le tyran de ses semblables.

Au lieu de permettre à des mains mercenaires de prostituer l'homme

---

(*a*) J'ai pour garant Nicolas Rimber. *Voyez* Journal des Sçavants, Année 1671.

marin

marin à la curiosité de la multitude ; les Puissances ne devroient-elles pas plutôt le remettre entre les mains du Philosophe pour étudier sa nature, & tâcher de résoudre un des grands problèmes qu'ait agité la morale.

Nous avons l'art de faire parler des hommes sourds & muets de naissance : quel intérêt ne feroit pas naître pour la curiosité du Naturaliste l'art d'entendre un homme marin ? Un Philosophe tel que Locke, qui posséderoit l'art si difficile d'interroger, apprendroit si cet amphibie est originairement un homme singulièrement organisé ; quelle succession de tems il faut pour qu'il devienne Triton à queue de Carangue, & si le Triton à force de dégradation se métamorphose en poisson parfait ; il sçauroit si cet homme de

Tome V. M

mer fait ufage dans l'Océan de fa faculté de penfer, comment il échappe à la voracité des baleines & des requins, s'il vit en fociété ou en cénobite, & mille autres queftions qui bien éclaircies contribueroient à entr'ouvrir le grand rideau derriere lequel travaille la Nature.

De l'Homme des Bois, ou de l'Orang-Outang.

Dans le tems que le plaisir de jouir de l'indigo & de la cochenille faisoit déraisonner toutes les têtes pensantes de l'Europe, on s'avisa de soutenir dans les Universités que l'homme, en qualité de roi des animaux, pouvoit se jouer de la vie d'un Américain ; parce qu'il n'étoit tout au plus qu'un Orang-Outang.

Malheureusement il est prouvé qu'il n'y a jamais eu dans le Nouveau-Monde un seul Orang-Outang, & ce fait dérange un peu la Physique de nos Docteurs.

Des Naturalistes ont aussi soupçonné qu'un Orang-Outang pouvoit bien être un homme, aussi-bien que le raisonneur fourré d'hermine qui se dit le roi des animaux; & cette conjecture dérange encore plus le code moral des Universités.

L'Orang-Outang ou l'homme des bois (*a*) est un être particulier à la Zône torride de notre hémisphère : le Pline de la Nation qui l'a rangé dans la classe des singes, ne me paroît pas conséquent ; car il résulte des principaux traits de sa description que c'est un homme dégénéré (*b*).

(*a*) Orang-Outang, dans la langue Malaie signifie Homme sauvage ; c'est l'*El-selvage* des Portugais, que le François a rendu par l'Homme des bois.

(*b*) » L'Orang-Outang n'a pas de queue » ..... ses bras, ses mains, ses ongles » sont pareils aux nôtres : il marche tou- » jours debout ; il a une espèce de visage,

DE LA NATURE. 169

Le Citoyen de Genève, qui a travaillé sur les mêmes Mémoires que ce

» des traits approchants de ceux de l'hom-
» me ; des oreilles de la même forme, des
» cheveux sur la tête, de la barbe au men-
» ton, & du poil ni plus ni moins que
» l'homme en a dans l'état de Nature; aussi
» les habitants de son pays, les Indiens po-
» licés n'ont pas hésité de l'associer à l'es-
» pèce humaine par le nom d'*Orang-Ou-*
» *tang*, homme sauvage ; tandis que les
» nègres presqu'aussi sauvages, aussi laids
» que ces singes, & qui n'imaginent pas
» que pour être plus ou moins policé l'on
» soit plus ou moins homme, leur ont donné
» un nom de bête. — Hist. Natur. grande
édit in-12. Tom. 18. pag. 4.

» S'il y avoit un degré par lequel on pût
» descendre de la Nature humaine à celle
» des animaux, si l'essence de cette nature
» consistoit en entier dans la forme du corps
» & dépendoit de son organisation, ce singe
» se trouveroit plus près de l'homme que
» d'aucun animal : assis au second rang des

M iij

Naturaliste, c'est-à-dire sur les relations des Voyageurs, ne balance pas

---

» êtres, s'il ne pouvoit commander en pre-
» mier, il feroit au moins sentir aux au-
» tres sa supériorité, & s'efforceroit à ne
» pas obéir : si l'imitation qui semble co-
» pier de si près la pensée, en étoit le vrai
» signe ou l'un des résultats, le singe se
» trouveroit encore à une plus grande dis-
» tance des animaux, & plus voisin de
» l'homme. — Ibid. pag. 99.

» Si l'on ne faisoit attention qu'à la fi-
» gure, on pourroit regarder l'Orang-Ou-
» tang comme le premier des singes ou le
» dernier des hommes ; parce qu'à l'excep-
» tion de l'ame, il ne lui manque rien de
» tout ce que nous avons ; & parce qu'il
» diffère moins de l'homme pour le corps,
» qu'il ne diffère des autres animaux aux-
» quels on a donné le même nom de singe.
— Ibid. pag. 42.

On est tout étonné, d'après tous ces aveux, que M. de Buffon ne fasse de l'Orang-Outang qu'une espèce de magot, es-

à en faire un homme sauvage (*a*).

sentiellement circonscrit dans les bornes de l'animalité ; il falloit, ou infirmer les relations des Voyageurs, ou s'en tenir à leurs résultats.

Quand on lit dans ce Naturaliste l'Histoire du Nègre-blanc, on voit que ce bipède diffère de nous bien plus que l'Orang-Outang, soit par l'organisation, soit par l'intelligence, & cependant on ne balance pas à le mettre dans la classe des hommes. — Je ne fais point de pareilles observations dans le dessein d'affoiblir la gloire justement méritée de M. de Buffon : j'admire beaucoup l'ingénieux Auteur de l'Histoire Naturelle ; mais j'admire encore plus la vérité & la Nature.

(*a*) » On trouve dans la description de
» ces prétendus monstres des conformités
» frappantes avec l'espèce humaine, & des
» différences moindres que celles qu'on pourroit assigner d'homme à homme : on ne
» voit point dans les passages des Voyageurs,

Pour le fameux Chevalier Von-Linné, il dit en propres termes que c'est

◆◆◆◆◆◆◆◆◆◆◆◆◆◆◆◆◆◆◆◆◆

» les raisons sur lesquelles les Auteurs se
» fondent pour leur refuser le nom d'hom-
» mes sauvages ; mais il est aisé de conjec-
» turer que c'est à cause de leur stupidité,
» & aussi parce qu'ils ne parlent pas : raisons
» foibles pour ceux qui sçavent que quoique
» l'organe de la parole soit naturel à l'hom-
» me, la parole elle-même ne lui est pour-
» tant pas naturelle.... Il est bien démon-
» tré que le singe n'est pas une variété de
» l'homme, non-seulement parce qu'il est
» privé de la faculté de parler, mais sur-tout
» parce qu'on est sûr que son espèce n'a point
» celle de se perfectionner, ce qui est le ca-
» ractère spécifique de l'espèce humaine....
» Nos Voyageurs font sans façon des bêtes
» sous le nom de Pongos, de Mandrills, &
» d'Orang-Outang, de ces mêmes êtres,
» dont sous le nom de Satyres, de Faunes
» & de Sylvains, les Anciens faisoient des
» Divinités. Peut-être après des recherches

un *Troglodyte qui vit vingt-cinq ans, parle en sifflant, pense, raisonne,*

» plus exactes trouvera-t-on que ce sont des
» hommes. — *Voyez* note 8. du Discours
sur l'Origine & les Fondements de l'Inégalité des Hommes.

L'éloquent Philosophe ne dit rien sur le reproche de stupidité qu'on fait à l'Orang-Outang ; mais il s'en faut bien qu'elle égale celle de l'Albinos, ni celle de l'amphybie de Lierganès, dont nous venons de tracer l'histoire : de plus, la stupidité ne suffit pas pour rayer un être de la classe des hommes : un enfant qui vient de naître, un vieillard qui va mourir, sont sûrement plus stupides que le dernier des Orang-Outang ; cependant aucun Naturaliste ne s'est avisé de les ranger dans la classe des Magots & des Cercopithéques.

Quant à la parole dont l'Orang-Outang semble privé, quoiqu'il en ait l'organe ; ce fait prouveroit tout au plus plus que l'homme des bois vit isolé & solitaire : or on sçait

s'imagine que la terre a été créée pour lui, qu'il en a été jadis le maître, & qu'il sçaura bien l'envahir une seconde fois (a).

---

que l'art de communiquer ses idées exige nécessairement une relation avec d'autres individus de son espèce : voilà pourquoi l'homme qu'on trouva, en 1714, dans les Forêts d'Hanovre ne parloit pas : voilà pourquoi l'amphybie de Liergands contracta dans la mer un silence stupide ; mettez le Babillard de la Comédie Françoise seulement trente ans dans une isle déserte de l'Océan, & vous verrez s'il ne devient pas aussi muet qu'un crabbe ou un requin.

(a) Le texte original mérite d'être rapporté : — *Homo nocturnus Troglodytes, Sylvestris, Orang-Outang Bontii : corpus album, incessu erectum, nostro dimidio minus. .... Ætas viginti quinque annorum .... loquitar sibilo, cogitat, ratiocinatur, credit sui causa factam tellurem, se aliquando ite-*

Il ne m'appartient pas de prononcer entre le Pline de la France & celui de la Suède ; mais on ne fort pas d'étonnement quand on voit dans les Voyageurs les rapports qui se trou-

---

rùm fore imperantem. — Vid. *Syſtem. Natur. edit. duodecima*, Tom. I. pag. 33.

On a accusé le Chevalier Von-Linné d'avoir pris l'Orang-Outang pour le Nègre-blanc ; mais ce dernier ne fiffle point, & a plus de trente pouces de hauteur : l'homme des bois de Bontius & de Von-Linné, feroit-il un Orang-Outang de la petite efpèce, qui dormiroit le jour & iroit pendant la nuit à la chaffe des quadrupèdes ?

Je fuis loin d'adopter le jugement du Profeſſeur d'Upfal, fur un bipède que n'a vu peut-être aucun Philofophe ; mais il m'eſt permis du moins d'obferver que ce beau génie, qui a tant étudié la Nature, a trouvé des hommes, où nos Naturaliſtes ne trouvent que des Cercopithéques,

vent entre les actions de l'homme & celles de l'Orang Outang.

» J'ai vu, dit M. de Buffon, cet
» animal préfenter la main pour re-
» conduire les gens qui venoient le
» vifiter, fe promener gravement
» avec eux: je l'ai vu s'affeoir à ta-
» ble, déployer fa ferviette, s'en
» effuyer les lèvres; verfer lui-même
» fa boiffon dans un verre, le cho-
» quer quand il y étoit invité; aller
» prendre une taffe & une foucoupe,
» l'apporter fur la table, y mettre
» du fucre, y verfer du thé, le laif-
» fer refroidir pour le boire, & tout
» cela fouvent de lui-même (*a*).

L'Orang-Outang, dont parle Ge-

_____

(*a*) Hift. Natur. édit. in-12. Tom. 18. pag. 74. — Obfervez que M. de Buffon n'a vu que l'Orang-Outang de la petite ef-pèce.

melli Carreri, quand il ne trouvoit plus de fruit fur les montagnes, alloit fur le bord de la mer manger des coquillages ; celui qu'il aimoit le mieux étoit une efpèce d'huître, appellée Taclovo, qui pefe plufieurs livres, & qui refte fouvent ouverte fur le rivage : l'Orang-Outang qui craignoit que pendant qu'il s'occuperoit à manger l'huître, la coquille ne lui faisît la patte en fe refermant, avoit foin de jetter une pierre entre les deux écailles ; & tranquille fur le danger, mangeoit fon coquillage.

Celui dont parle Bontius, étoit une femelle pleine de pudeur, qui fe couvroit de la main à l'afpect des hommes qu'elle ne connoiffoit pas (a).

(a) *Bontii, Hift. Natur. India, Cap.* 32.

On accuse les Orang-Outang d'aimer nos femmes plus que les leurs, & quelquefois de les violer ; ce qui suppose en eux des notions de beauté, qui ne s'accordent guères avec le simple instinct machinal qu'on leur prête ; il faut une série de raisonnemens & de comparaisons pour préférer ainsi nos jouissances à celles que leur indique la Nature ; car, enfin, la plus laide des Samojédes est plus belle que la Cléopatre des Orang-Outangs.

Cependant l'Orang-Outang aime probablement sa femelle, plus que notre matrone d'Ephèse n'aimoit son mari : un Viceroi de Carnate en avoit envoyé une couple à un Gou-

---

— Ce Bontius, Médecin en chef à Batavia, étoit un excellent Naturaliste.

verneur de Bombai ; la femelle périt de maladie sur le vaisseau qui la transportoit , & le mâle désespéré de cette perte refusa de prendre aucune nourriture , & mourut de chagrin (*a*).

Obligés de se défendre contre des animaux qui les surpassent en taille & en force , ils ont recours à l'industrie ; ils se rassemblent, se servent de ruses de guerre, comme s'ils avoient lu Frontin ou le Chevalier Folard ; & l'éléphant qui à cause de sa taille colossale méprise ces bataillons d'infiniment petits , est quelquefois leur victime.

Il seroit aisé d'étendre encore le récit des actions qui annoncent l'in-

_____

(*a*) Voyage aux Indes Orientales , par Henri Grosse, pag. 349.

telligence de l'Orang-Outang; cependant jusqu'à ce que cet être singulier, qui n'a encore été observé que rapidement par les Voyageurs, soit lentement analysé par les Philosophes, il est prudent de s'en tenir au scepticisme; il y auroit même du péril à adopter un sentiment moyen entre le Chevalier Von-Linné & M. de Buffon, & de dire avec l'ingénieux Auteur des Recherches Philosophiques, que l'Orang-Outang fait la nuance entre la famille des hommes & celle des singes, comme le zoophyte entre deux règnes, & qu'en lui le singe finit & l'homme commence (*a*). Rassemblons les faits avant de juger : il ne suffit pas d'at-

---

(*a*) Recherch. Philosoph. sur les Américains, Tom. 2. pag. 62.

tacher les yeux sur un feuillet du grand Livre de la Nature pour deviner ses opérations, l'interprétation d'une de ses idées sublimes dépend du feuillet qui précède & de celui qui suit , & il faut probablement connoître plus à fond, soit l'homme, soit le singe, pour fixer la nature de l'Orang-Outang.

L'Orang-Outang étoit, je pense, beaucoup plus répandu autrefois qu'il ne l'est aujourd'hui : Alexandre en rencontra dans l'Inde une troupe formidable, la prit pour une armée ennemie & fit ranger sa phalange en bataille : ce fut Taxile qui éclaira ce conquérant, en lui représentant que le vainqueur de la Perse & du Gange ne devoit pas s'avilir jusqu'à se mesurer avec des Cercopithéques (a).

(a) C'est ainsi que Strabon les nomme.

Il est presque démontré que les Faunes, les Satyres, les Sylvains, les Ægipans, & toute cette foule de demi-Dieux, difformes & libertins, à qui les filles des Phocion & des Paul Emile s'aviserent de rendre hommage, ne furent dans l'origine que des Orang-Outangs ; leur nés applati, leur vigueur & leur libertinage sont des traits caractéristiques qui déposent en faveur de cette généalogie. Dans la suite, les Poëtes chargerent le portrait de l'homme des bois, en lui donnant des pieds

---

Voyez *Lib. XV. edit. in-fol. Tom.* 2. *pag.* 1023. — Mais on voit par son texte même qu'il ne s'agit ici que de l'Orang-Outang ; de vrais Cercopithéques n'ont que la moitié de la taille de l'homme, marchent à quatre pattes, & ne sçavent pas se ranger en ordre de bataille.

de chèvre, une queue & des cornes ; mais le type primordial resta, & le Philosophe l'apperçoit jusques dans les monuments les plus défigurés par l'imagination d'Ovide & le ciseau de Phidias.

Les Anciens très-embarrassés de trouver la filiation de leurs Sylvains & de leurs Satyres, se tirerent d'affaire en leur donnant des Dieux pour peres ; les Dieux étoient d'un grand secours aux Philosophes des tems reculés, pour résoudre les problêmes d'Histoire Naturelle ; ils leur servoient commes les cycles & les épicycles dans le système planétaire de Ptolomée : avec des cycles ~~& des Dieux~~ on répond à tout, quoi qu'on ne satisfasse personne.

Les Africains qui ne sont pas Philosophes, prétendent qu'un Orang-Outang pourroit bien être le métis d'un singe & d'une négresse, ce qui conduit à la grande question du mélange des espèces ; & alors au lieu d'un problème à résoudre, on en a deux.

Quelques Européens instruits que sous la Zône torride on croyoit aux métis des singes & des femmes, ont conjecturé de leur côté que ces enfants qu'on a trouvé, depuis deux siècles, vivant à quatre pattes avec les loups & les ours dans les grandes Forêts de l'Europe, pourroient bien avoir eu pour peres ces quadrupèdes ; comme leur stupidité profonde les empêcha toujours de nous éclaircir sur leur origine, il fallut bien leur faire une généalogie ; & nous aimames mieux croire que des ours engendroient des hommes, que de penser qu'un homme pouvoit produire un quadrupède.

Le premier de ces sauvages, dont l'Histoire fasse mention, est celui qu'on trouva, en 1544, dans les forêts de la Hesse; il vivoit avec les loups, & on lui en donna le nom: quand on eut réussi à lui faire entendre quelque mots d'Allemand, il dit à la Cour du Prince Henri, que s'il ne dépendoit que de lui, il aimeroit bien mieux retourner avec les loups, que de vivre avec les hommes (*a*).

(*a*) Cet homme, dit le Citoyen de Genève, avoit tellement pris l'habitude de marcher comme les animaux, qu'il fallut lui attacher des pièces de bois pour le forcer à se tenir debout & en équilibre sur ses deux pieds. *Voyez* Note 3. sur le Discours de l'Inégalité. Je dis toujours le *Citoyen de Genève*, quoique l'Ecrivain célèbre qui a porté ce nom soit aujourd'hui sans patrie; mais j'ose m'ex-

Vers 1647, on rencontra dans les bois de l'Irlande un homme quadrupède qui bêloit comme les moutons (*a*) ; au lieu de l'envoyer à Locke, on le remit à des Saltimbanques, qui le montrerent pour de l'argent aux foires de la Hollande.

En 1661, des chasseurs apperçurent dans les forêts de la Lithuanie, au milieu d'une bande d'ours deux enfants : l'un d'eux s'enfuit avec les bêtes féroces qui le protégoient ; l'autre se défendit avec les ongles & les dents contre les Polonois ; mais il fut saisi à la fin & conduit à la Cour de Warsovie. On le baptisa, mais on ne put jamais ni lui ap-

---

primer comme sera, sans doute, la postérité.

(*a*) Vide *Tulpii Observ. Med. Lib. IV.* pag. 313.

prendre à parler, ni remarquer en lui quelque étincelle de raison; dès qu'il étoit libre, il se dépouilloit de ses habits, s'échappoit pour courir dans les bois, déchiroit avec ses ongles l'écorce des arbres & en suçoit la sève : le stupide Albinos eût été pour lui ce que seroit Newton pour les Crétins du Valais.

Depuis on a découvert en différents tems de ces hommes sauvages auprès de Bamberg, dans les Pyrénées, & dans les bois d'Hanovre & de la Champagne ; tous étoient quadrupèdes, tous imitoient le cri des bêtes féroces dont ils faisoient leur société ; mais ils n'ont jamais multiplié dans cet état sauvage, ni formé une classe particuliere d'êtres comme les Orang-Outang.

Conjecture pour conjecture, j'aimerois autant croire que tous ces enfants quadrupèdes ont été originairement abandonnés dans les bois, & élevés par des bêtes féroces que la faim n'a jamais tourmentées ; ce qui feroit renouveller le prodige de la Louve qui allaita Romulus.

Pour le véritable homme des bois qu'il faut bien se garder de confondre avec ces enfans devenus sauvages, on n'a que des doutes peu fondés sur son origine : le seul Européen qui ait voyagé sous la Zône torride de notre continent pour l'avancement de l'Histoire Naturelle, le sçavant Adanson n'a point vu d'Orang-Outang ; si ce bipède antropomorphe fût tombé par hasard entre les mains d'un tel observateur, croit-on qu'il eût employé les deux tiers de son voyage de Sénégal, à nous tracer l'Histoire de quelques vains coquillages.

Pendant

Pendant deux cents ans les Puissances de l'Europe n'ont pas cru qu'il fût de leur intérêt d'envoyer en Afrique des vaisseaux, si ce n'est pour la traite des nègres ; leurs Navigateurs étoient des corsaires qui ne sçavoient que trafiquer du sang des hommes ; s'ils avoient trouvé des Orang-Outangs, ils les auroient vendus pour les ménageries des Rois, & non pour les cabinets des Philosophes.

Les Souverains de ce siècle un peu mieux conseillés, ont fait voyager des Astronomes pour mesurer le globe, pour découvrir les parallaxes de Mars & de Vénus, & pour deviner le secret des longitudes.

Probablement il se trouvera dans le siècle suivant quelque Pythagore qui voyagera dans l'unique dessein d'observer l'homme, & de parcourir la grande échelle de ſes variétés ; favoriſé par quelque Marc-Aurèle, il ira étudier le Quimoſſe à Madagaſcar, le Patagon aux Terres Magellaniques, l'homme marin ſur les rivages de l'Océan, l'Albinos au Darien, & l'Orang-Outang dans les déſerts embrâſés du Zanguebar.

On dira alors : au ſeizième & au dix-ſeptième ſiècle les ſauvages de l'Europe ont voyagé pour vendre les ſauvages de l'Afrique aux ſauvages du Nouveau-Monde ; dans le dix-huitième quelques Sçavants ont traverſé les mers pour perfectionner les arts ; mais c'eſt dans le dix-neuvième que des Philoſophes ont parcouru le globe pour étendre l'empire de la raiſon.

C'eſt à ce moderne Pythagore qu'il appartiendra d'établir des principes où je ne donne que des conjectures ;

de rectifier mes foibles mémoires sur la morale de l'homme, & de donner aux habitants de ce globe le code sublime de la Nature.

Si la Nature fait des Monstres.

Nos Physiciens ressemblent un peu à cet Ambassadeur qui traça avec sa baguette un cercle autour d'Antiochus, & lui défendit de le passer sous peine d'être ennemi de Rome ; ils se font des systêmes particuliers sur l'organisation des êtres ; & dès que la Nature s'en écarte, ils l'accusent de faire des monstres.

Mais qu'est-ce qu'un monstre ? c'est, dit-on, le produit de la combinaison bisarre des éléments de l'animalité ; mais il ne peut rien y avoir que de régulier dans la combinaison des éléments : la bisarrerie est dans les systêmes des Philosophes, & non dans les plans de la Nature.

Des individus peuvent dans leur économie organique s'éloigner des formes ordinaires, fans qu'on doive fuppofer du caprice dans l'Ordonnateur des Mondes : fi ces différences altèrent les réfervoirs générateurs, la fingularité difparoit avec l'être finguliérement organifé, finon elle fe perpétue ; mais dans les deux circonftances les éléments fe combinent fuivant des loix invariables ; le hafard ne fait pas plus des cyclopes & des nègres-blancs que des Hercule & des Newton.

Il y a dans notre Phyfique générale une multitude de termes qui expriment un fimple rapport, qui n'a d'exiftence que dans notre façon de concevoir ; tels font ceux de monftre & d'efpèce, ils ne font bons qu'à une nomenclature ; car la Nature ne fait réellement que des êtres réguliers & des individus.

Après avoir posé ce principe, parcourons légèrement la chaîne des monstres nés sous la plume des Naturalistes.

Celui de tous les Ecrivains qui après Ovide & l'Arioste a le plus créé de monstres, est sans contredit Pline ; on seroit tenté de prendre quelques Chapitres de son Histoire Naturelle pour des Contes de Fées; encore ne s'y trouve-t-il aucun Paladin pour les combattre.

Il y a, dit ce Philosophe, au Nord de l'Europe des isles qu'on appelle Fancsiennes, où les deux sexes vont tout nuds; mais les oreilles des insulaires sont si grandes qu'elles leur couvrent tous le corps (a). Pigafet-

_____

(a) *Hist. Natur.* **Lib.** 4. *Cap.* 13. — Pline répète ce conte au Livre 7. Chap. 2 ;

ta, je le sçais, a raconté la même chose des insulaires d'Aruchetto, qui sont des nains d'une coudée de haut ; mais le Naturaliste Romain est bien plus plaisant que le Chevalier de Malthe : d'abord il est très-curieux de voir les hommes aller tous nuds au Nord de l'Europe : ensuite l'imagination n'est pas si flattée de rencontrer des pygmées qui ont des oreilles d'un pied & demi, que de voir des hommes de six pieds, comme l'étoient les ancêtres des Danois, à qui leurs oreilles servoient de redingottes.

Ailleurs il a entendu dire qu'il y avoit des peuples sans col, & dont les yeux étoient attachés dans les épaules (*a*). Probablement c'est la

---

mais il met la scène dans les Indes.
(*a*) *Hist. Natur. Lib.* 7. *Cap.* 2.

petitesse du col de quelques individus de l'espèce humaine qui aura produit la méprise de Pline. Le P. Parennin a vu des Chinois dont la tête étoit enfoncée dans les épaules (*a*) ; & Corréal parle d'une nation Indienne dont les hommes ont pour la plupart le col si court que leurs yeux paroissent sur leurs épaules, & leur bouche dans leur poitrine (*b*).

Pline assure encore, sur la foi de Ctésias, qu'il y avoit un peuple nommé les Sciopodes, à qui la Nature n'avoit donné qu'une jambe, & qui faisoient des sauts au lieu de

_____

(*a*) Ce Missionnaire en parle expressément dans une Lettre datée de Pékin, du 28 Septembre 1735. *Voyez* le Recueil, in-4°, des Lettres édifiantes.

(*b*) Voyages de Corréal. Tom. 2. pag. 58.

pas (*a*) : rêverie qu'un Moderne a renouvellée en parlant des Insulaires de Ceylan (*b*). Malheureusement ces Sciopodes & ces Ceylanois n'ont été revus depuis par aucun Philosophe.

Une rêverie qui n'appartient qu'aux Anciens, est celle qui regarde les Syrictes, tribu des Indiens Nomades, où les hommes naissent sans nez, & avec des jambes recourbées en queue de serpent (*c*).

───────────

(*a*) *Plin. Hist. Natur. Lib.* 7. *Cap.* 2. — Saint Augustin en parle aussi; *de Civit. Dei, Lib.* 16 ; mais il est probable que ce prélat célèbre ne fit que copier sur ce fait historique des Mémoires infidèles.

(*b*) Recueil des Voyages pour l'établissement de la Compagnie des Indes de Hollande, Tom. IV, pag. 362.

(*c*) *Hist. Natur. Lib.* 7. *Cap.* 2. —

Pour ceux-là ils ne marchoient sûrement, ni ne sautoient : il ne leur restoit donc d'autre ressource que de ramper, ce qui n'est pas tout-à-fait si commode au physique qu'au moral.

Un des monstres les plus plaisants qu'ait enfanté la plume de Pline, est cet Indien des rivages du Gange, qui n'a point de bouche ; il vit cependant, mais c'est en respirant des parfums (*a*). Ainsi un sens supplée à l'autre ; heureusement la scène est dans un climat de l'Asie où règne un

---

Pline s'appuie ici de l'autorité de Mégasthène ; mais il auroit fallu à Mégastène lui-même une autorité.

(*a*) *Plin. loco cit.* — Il ajoute que toutes les odeurs ne sont pas indifférentes à ces Indiens ; car si une bonne les fait vivre, une mauvaise suffit pour les faire mourir.

printems éternel : chez nous tout ce peuple odorant périroit dans un hiver.

Je termine ce tableau de la crédulité de Pline, en faisant mention des hommes à tête de chien, qu'il prétend qu'on a trouvés dans les montagnes : Ctéfias, Hiftorien non moins véridique, affure avoir découvert une armée de fix cents vingt mille de ces Cynocéphales (*a*). Six cents mille foldats abboyants ! il n'en faudroit pas tant à l'Alexandre des dogues, pour conquérir le monde.

On fent affez que tous les noms qu'on donnera à ces êtres fantaftiques des Pline, des Megafthène & des Ctéfias, intéreffent affez peu la Phi-

---

(*a*) *Plin. Hift. Natur. Lib.* 7. *Cap.* 2.

losophie & l'Histoire Naturelle ; peu importe qu'on en fasse des monstres, pourvu qu'on convienne que ce sont des êtres de raison.

Parmi les peuples qui ont réellement quelque singularité dans l'organisation, je trouve d'abord certains Naires de Calicut, qui naissent avec des jambes aussi grosses que le corps d'un autre homme (*a*). Au reste, cette hydropisie héréditaire convient assez à ces gentilshommes de la côte de Malabar, qui font consister les privilèges de leur noblesse à ne rien faire, & à rester, comme le Pirithoüs de la Fable, éternellement assis.

La Nature qui n'a accordé au commun des hommes que cinq doigts à

_____

(*a*) Voyages de Pyrard, pag. 416.

chaque main, en gratifie quelquefois d'un plus grand nombre certaines familles ; il y en a à Berlin une de fexdigitaires (*a*) : le Commandeur Godehen a vu celle de Gratio Kalleia, qui jouit du même avantage (*b*) : & Pline, qui ne ment

---

(*a*) *Voyez* la Vénus-Physique de Maupertuis.

(*b*) *Voyez* la relation qu'il en a envoyé à M. de Réaumur, dans *l'Art de faire éclorre les Poulets*, Tom. 2. pag. 577.

Il y a bien d'autres singularités encore dans la maniere dont le sexdigitisme a été transmis à la postérité de cet Italien : ce Gratio étoit né d'un pere sexdigitaire; s'étant marié lui-même à l'âge de vingt-deux ans, il a eu quatre enfants, Salvator, George, André & Marie ; l'aîné a conservé le sexdigitisme, & l'a transmis à deux garçons & à une fille ; mais un quatrième enfant qu'il a eu, s'est trouvé organisé comme le reste des hommes.

pas toujours, prétend que les anciens habitants du Mont-Milo avoient

George est né avec cinq doigts ; mais les deux pouces des mains sont plus gros qu'ils ne devroient l'être, & on sent au milieu un intervalle comme si deux doigts étoient renfermés sous le même épiderme : ce George s'étant marié a eu trois filles, dont deux se sont trouvées parfaitement sexdigitaires, & la troisième avec six doigts à chaque main & au pied droit, n'en a eu que cinq au pied gauche ; le dernier enfant de George a été un garçon, partagé en doigts comme nous.

André né avec cinq doigts à chaque membre, a eu plusieurs enfants en qui on n'a apperçu aucune espèce de difformité.

Marie, fille de Gratio, est née avec cinq doigts aux mains & aux pieds ; mais les pouces des mains sont organisés comme ceux de George : elle s'est mariée à l'âge de dix-huit ans, & a eu deux garçons & deux filles ; un des garçons a six doigts à un

huit doigts à chaque pied (*a*). Je ne doute pas que, tout étant égal d'ailleurs, un homme qui a plus de doigts que nous n'aie l'organe du tact plus fin, & ne nous efface en senfibilité: ainfi de pareils monftres doivent être peu tentés de blafphêmer la Nature.

Rien n'eft plus extraordinaire & cependant plus avéré que ce que le judicieux Kolbe rapporte des Hottentotes; il leur croît à toutes au-deffus de l'os pubis une excroiffance pleine

---

pied, & les autres font conformés à l'ordinaire.

Un pareil phénomène fuffiroit pour enfanter un volume fur la génération; mais comme il fuppoferoit moins de principes que de conjectures, j'aimerois mieux le lire que le faire.

(*a*) *Hift. Natur. Lib.* 7. *Cap.* 2.

de dureté, qui descend jusqu'au milieu des cuisses, en forme de tablier (*a*). Ces Africaines sont les seules femmes de la terre qui puissent être parfaitement nues sans cesser d'être décentes.

Les Philosophes pendant long-tems soutinrent que la queue formoit une différence essentielle entre la race humaine & celle des animaux; mais d'abord il y a des espèces de singes qui n'ont point de queue: de plus il est prouvé que la Nature en accorde quelquefois une à des hommes; les nègres de Manille jouissent de ce singulier privilège (*b*), ainsi que les montagnards du royaume de

---

(*a*) Description du Cap de Bonne-Espérance. Tom. I. pag. 91.
(*b*) Voyages de Gemelli Carreri, Tom. V. pag. 68.

Lambri (*a*) & une partie des insulaires de Formose (*b*). Je me sers du mot de privilége, parce qu'on s'accorde assez à regarder la queue dans l'homme comme le signe caractéristique de sa vigueur ; De Mailler, qui n'est au reste, à certains égards, que le Rabelais des Philosophes, prétendoit avoir connu en Italie une courtisanne qui s'étant livrée à un homme à queue, l'avoit vu approcher du fameux exploit d'Hercule près des cinquante filles

---

(*a*) Marc Paul, Description Géographique, édit. de Paris de 1556.
(*b*) Voyage de Jean Struys, Tom. I. pag. 100. — Observons que les Anciens connoissoient ces hommes à queue, Pline en parle, *Hist. Natur. Lib.* 7. *Cap.* 2. & observe qu'ils étoient aussi légers à la course que les quadrupèdes.

de Thespias (a), exploit qui jusqu'ici a trouvé beaucoup plus d'incrédules que ses douze travaux.

Il seroit absurde de mettre au rang des monstres les peuples dont je viens de parler; une queue, des jambes grosses, un tablier de chair & le sexditigisme semblent s'écarter bien moins de l'organisation que la différence de couleur qui se trouve entre les Nègres & les Suédois, & la disproportion de taille qu'on apperçoit entre les Patagons & les Esquimaux. Ou tout est monstre sur la terre, ou il n'y en a point.

On m'accordera peut-être que toute singularité qui se perpétue de génération en génération, n'a en soi

_____

(a) Telliamed, Tom. 2, édit. in-12. pag. 209.

rien de monſtrueux ; mais en m'abandonnant les peuples monſtres, la Phyſique moderne s'obſtinera à ſoutenir l'exiſtence des monſtres individus.

Je ſçais qu'il paroît de tems en tems ſur la ſcène de la Nature des phénomènes ſinguliers par rapport à l'organiſation des êtres : ce ſont des machines dont on nous cache les reſſorts & les contrepoids, & qui étonnent notre imagination, parce que nous ne les voyons que du côté du parterre.

Par exemple, le Polyphême de l'Odyſſée, à certains égards, n'eſt pas une fiction de la Mythologie, & des femmes ayant deux bons yeux donnent quelquefois le jour à des Cyclopes.

Il ne s'agit point ici des Arimaſpes de Pline, Cyclopes de la Scythie, qui font la guerre à des quadrupèdes volans nommés Griffons (a); parce qu'il n'y a jamais eu chez les Scythes ni Cyclopes, ni Griffons.

Mais, en 1709, un Naturaliste François reçut d'un Médecin Danois la description d'un enfant cyclope, ayant le visage velu, sans nez, sans bouche, & portant ses oreilles au menton ; il ne mourut qu'au bout de quelques jours : en le disséquant on ne lui trouva point de nerf olfactif ; ainsi il auroit été privé du sens de l'odorat s'il avoit vécu (b).

―――――

(a) *Hist. Natur. Lib.* 7. *Cap.* 2. — Pline ajoute que les Griffons gardent des mines d'or, & que les Arimaspes combattent ces quadrupèdes pour pouvoir les exploiter : ce conte m'a bien l'air d'avoir été fait sur l'histoire de la conquête de la Toison d'or.

(b) *Voyez* la relation de Méri, Hist.

Je trouve dans la Physiologie de Dufieu un fait encore plus singulier; une Lyonnoise, en 1745, accoucha à son septième mois de grossesse, d'une fille qui, comme l'enfant Danois, étoit privée de nez & de bouche, n'avoit qu'un œil au milieu du visage & portoit ses oreilles au-dessous du menton : ce ne furent pas-là les seules bisarreries qui fixerent l'attention des Anatomistes ; cet œil unique n'avoit qu'un nerf optique, mais deux cornées, deux iris & quatre paupieres ; le col étoit privé de trachée artère & d'œsophage, & la poitrine renfermoit deux cœurs (*a*).

---

de l'Académie Royale des Sciences, Année 1709.

(*a*) Physiologie de Dufieu, pag. 791. — L'enfant fut exposé à Lyon sous les yeux de l'Académie.

Cet enfant vécut trois heures, & on le baptifa ; cent ans plutôt on auroit étouffé le prétendu monftre, & au quinzième fiècle on l'auroit peut-être brûlé avec fa mere.

Eller a configné dans les Mémoires de l'Académie de Berlin, la defcription d'un Cyclope que je crois encore plus merveilleux : en 1755, une femme originaire de Bohême, nommée Horrack, donna naiffance à un enfant de deux pieds quatre pouces, dont la tête feule avoit un pied trois lignes ; au milieu du vifage étoit un trou quarré d'une figure rhomboïde où l'œil unique du fœtus étoit placé, environné de quatre paupieres ; & un peu au-deffus de cet œil, on voyoit un organe générateur (a). Je doute que dans le roman

___

(a) La diffection de ce Cyclope & la

des Mille & une Nuits, les Fées ayent jamais produit un être plus bifarre que ce fœtus, réellement organifé des mains de la Nature.

Après un pareil fait, il eft inutile de s'étendre fur cet homme né avec un feul doigt à chaque main (*a*); fur l'enfant fans articulations, qui n'avoit qu'un feul os continu des pieds jufqu'à la tête (*b*); fur les filles qui ont trois jambes (*c*); fur ce

---

Defcription Anatomique de fon cadavre furent faites par le Docteur Roloff : le Mémoire qui en eft le réfultat, fe trouve dans le Recueil de l'Académie de Berlin, Tome X.

(*a*) Mém. de l'Acad. Royale des Sciences, Année 1733.

(*b*) Ibid. Année 1716.

(*c*) *Voyez* la defcription d'un de ces êtres finguliers, Mélanges d'Hift. Natur. Tom. V. pag. 79.

François que M. de Thou vit en 1600, & qui étoit né avec une corne de bélier au milieu du front (*a*); sur les femmes qui ont deux matrices (*b*);

(*a*) Je trouve dans les Transactions Philosophiques, Année 1685, un phénomène de ce genre bien plus extraordinaire : une fille, à l'âge de trois ans, vit germer des cornes en divers endroits de son corps, & sur-tout aux jointures & aux articulations ; ces excroissances se multiplierent d'année en année, & à l'âge de treize ans elle en étoit toute hérissée ; le sein même n'en étoit pas exempt ; quelques-unes de ces cornes étoient contournées comme celles du bélier ; dès qu'il en tomboit une, il en renaissoit d'autres à sa place. — Cette fille, comme je l'ai sçu depuis, étoit assez stupide : ainsi on pouvoit dire qu'elle végétoit, & cela étoit vrai au physique & au moral.

(*b*) Hist. de l'Acad. des Sciences, Année 1752. — Cette femme avoit eu plusieurs enfants, mais point de jumeaux.

sur les têtes sans crâne (*a*), & sur les têtes à deux cerveaux (*b*).

Je laisse aussi à la Physique moderne, qui veut tout expliquer, ses conjectures sur l'origine du fœtus qu'elle appelle monstrueux : sur ces moles que probablement des vierges font naître (*c*) ; sur les embryons

---

(*a*) Considérations Philosophiques sur la gradation naturelle des Formes de l'Etre, pag. 106.

(*b*) Mém. de l'Acad. Royale des Sciences, Année 1742.

(*c*) Le célèbre Diderot regarde ces corps comme l'assemblage de tous les éléments qui émanent de la femme dans la production de l'homme, ou de tous les éléments qui émanent de l'homme dans les diverses approches de la femme : il suppose que ces éléments qui sont tranquilles dans l'homme s'échauffent dans certaines femmes d'un tempérament ardent, s'y exaltent & y pren-

qui naissent sans tête (*a*), ou avec deux têtes (*b*); sur celui qui vint au monde tout habillé, & avec un

---

nent de l'activité; ou que tranquilles dans la femme, ils sont mis en action par des mouvements stériles & purement voluptueux d'un amant. — *Voyez* Pensées sur l'Interprétation de la Nature pag. 39. — Il est difficile de donner une base plus ingénieuse au système de l'Epigénèse.

(*a*) Il y a dans les Mémoires de l'Académie des Sciences, Année 1710, la description d'une fille qui naquit à six mois, sans bras, sans poumons, sans estomac, sans cœur & sans tête.

(*b*) L'Académie des Sciences fait encore mention d'un fœtus, mort en naissant, qui avoit deux têtes très-bien formées, & posée chacune sur son col; deux ésophages, deux poumons, deux sexes, mais un cœur unique. — Voilà pour un Poëte le type parfait de deux amants qui ne forment qu'un seul individu.

capuchon fur la tête (*a*), & fur celui qui parut à la lumiere portant fon cœur attaché au col en guife de médaille (*b*).

Le vulgaire des Obfervateurs appelle tous ces êtres des jeux bifarres

---

(*a*) En 1683, un Chirurgien tira mort du fein d'une femme, de Bourg en Breffe, un enfant revêtu d'une membrane travaillée par la Nature, dont les replis ondoyants environnoient tout fon corps, & s'élevoient au-deffus de fa tête comme le capuchon d'un moine : le vifage feul étoit découvert & préfentoit les traits d'un vieillard qui fe meurt, plutôt que ceux d'un enfant qui vient de naître. — Confidérat. Philofoph. fur la gradation naturelle des Formes de l'Etre, pag. 216.

(*a*) Cet embryon naquit à Grenoble, & fa mere le fentit remuer quelque tems avant fon accouchement. — Hift. de l'Acad. des Sciences, Année 1712, pag. 39.

de la Nature : mais encore une fois la Nature n'eft point bifarre ; elle ne fe joue point , fi ce n'eft peut-être de l'entendement de l'aveugle-né qui veut donner la clef de fes ouvrages.

Le Fanatique qui voudroit étouffer ces êtres finguliers, les nomme des monftres, il ne fçait pas que fans lui il n'y auroit jamais eu de monftres parmi les hommes.

Le hafard n'a jamais rien fait, & il y a une combinaifon auffi réguliere des éléments de l'animalité dans un fœtus fans tête, que dans l'entendement d'un Newton ou d'un Montefquieu.

Quel titre avons-nous pour qualifier de monftres un enfant qui a trois jambes ou un hermaphrodite ? avons-nous parcouru du haut en bas la grande échelle des êtres ? connoifsons-nous aſſez l'ordre pour ſçavoir ce qui s'en écarte?

On s'accorde, au reſte, ſi peu ſur la ſignification du mot monſtre, que pendant long-tems on s'eſt contenté de s'en ſervir pour déſigner un animal extraordinaire pour ſa taille : un ſerpent de vingt-cinq pieds fut un monſtre pour les Romains du tems de Romulus ; dans la ſuite, quand ils porterent la guerre en Afrique & qu'ils apperçurent dans cette région embrâſée des ſerpents de cinquante pieds, ils virent que le reptile qui avoit tant effrayé leurs peres, n'étoit pas encore un monſtre. Enfin, quand l'armée de Régulus ſe vit arrêtée par le fameux ſerpent de Bagrada, qui avoit cent trente pieds de long, & qu'on fut obligé d'aſſieger en règle comme une citadelle ; il fallut bien revenir encore ſur ſes pas, & avouer que le monstre de l'homme n'est pas celui de la Nature.

Il s'éleva dans ce siècle une dispute célèbre entre deux Sçavants sur l'origine des monstres, & cette dispute ne finit que par la mort d'un des combattants (*a*) : tous deux avoient adopté le système des œufs générateurs ; & d'accord sur le principe, ils n'en étoient que plus divisés sur les conséquences ; Lemery, grand raisonneur, prétendoit que quelque accident arrivé à l'œuf avoit mis du désordre dans l'organisation du fœtus : Winslow, grand Anatomiste, soutenoit que comme il y a

―――――――――――

(*a*) On peut voir les sophismes des deux Philosophes dans les Mémoires de l'Académie des Sciences, Années 1724. 1733. 1734. 1738 & 1740.

des œufs originairement réguliers, il y en a aussi d'originairement monstrueux : le premier, en mutilant ses œufs ou en les mélangeant, se flattoit d'expliquer comment un fœtus naît sans cœur ou avec deux têtes : le second, le scalpel à la main, disséquoit de nouveaux embryons, dont on ne pouvoit expliquer le méchanisme par aucun désordre accidentel ; ainsi l'Anatomiste avec des faits balançoit toute la Métaphysique du raisonneur, & l'Europe sçavante restoit toujours en suspens.

On pouvoit dire à Lemery : qui vous a assuré que votre fœtus tranquille dans la liqueur de l'amnios a subi quelqu'accident ? si vos œufs se cassent ou s'ils se mélangent, ils ne doivent rien produire. Une Hottentote dont quelque cause étrangère altère la matrice reste stérile, & ne produit pas un fœtus avec un tablier de chair, qui se propage à son tour.

On pouvoit dire à Winslow : qui vous a révélé que la Nature fait de toute éternité des monstres, comme des corps réguliers ? où étoient les germes monstrueux avant la génération des monstres ? un de ces germes descend-il à point nommé dans la matrice d'une femme, quand elle conçoit un enfant sans tête ou un cyclope ?

On pouvoit dire à la fois à Lemery & à Winslow : les femmes que vous disséquez ou sur lesquelles vous raisonnez n'ont jamais eu d'ovaire, ainsi le fil de vos systêmes se casse avec les œufs qui les ont fait naître.

Vous vous accordez à nommer monstres une production organique dont la conformation diffère de celle de son espèce : malheureusement il n'y a point d'espèce, il n'y a que des individus ; ainsi un cyclope n'est pas plus monstre, parce qu'il différe d'un homme qui a deux bons yeux, qu'un sapajou ne l'est parce qu'il différe d'un serpent à sonnettes.

Comment vous battez-vous sur l'origine des êtres qui vous semblent bisarres, tandis que la formation des êtres les plus réguliers est encore pour vous une énigme ? Quoi ! vous ne sçavez pas comment une plante végète, & vous voulez deviner comment les éléments de l'animalité se combinent, pour former un fœtus humain à deux têtes ou un hermaphrodite !

C'étoit encore un singulier sophiste que ce Bartholin, qui fit un Livre en Dannemark pour prouver que les monstres devoient leur origine aux comètes (*a*) ; comme si ces globes immenses qui dans l'ellipse qu'ils décrivent anéantissent quelquefois des planètes, s'amusoient dans un petit coin de l'espace à envoyer le germe d'une queue à un nègre de Manille, ou à mettre sur un corps de Géorgienne une tête d'O-rang-Outang.

Nous avons la fureur de ne juger jamais des êtres que par relation ; le premier blanc qui vit un nègre dut en faire un monstre, & lui-même dut passer pour tel la premiere fois qu'il parut dans les déserts du Zanguebar.

―――――

(*a*) Bartholini, *de Cometa Consilium Medicum, cum monstrorum in Daniâ natorum Historia.* — il prescrit dans ce Livre un régime pour se préserver de la contagion des Comètes.

Quelles seroient aux yeux du vrai Philosophe les limites qui séparerroient le monstre de l'être régulièrement organisé ? Comment pourroit-on tracer cette ligne individuelle, puisque ce que nous nommons une espèce subit sans cesse de nouvelles variations, & que du stalactite jusqu'à l'homme tout sur la scène de la Nature n'est que métamorphose.

Les Anciens avoient des sensitives plus finement organisées que les nôtres leur serpent de cent trente pieds ne se trouve plus en Afrique : nous-mêmes nous n'avons plus ni la taille, ni la longue vie des Patriarches : en conclura-t-on que les sensitives, les serpents & les hommes de l'âge de fer, sont des monstres relativement aux sensitives, aux serpens & aux hommes de l'âge d'or ?

Non-seulement ce qu'on nomme

les espèces changent, mais quelquefois encore elles se confondent; on a vu des végétaux germer dans des substances animales (*a*), & cependant personne ne s'est avisé de mettre, soit l'animal, soit la plante au rang des monstres.

Les Philosophes qui ont trouvé des monstres parmi les hommes, afin de n'être pas inconséquents, en ont encore peuplé le règne des plantes & celui des fossiles. C'est ainsi que l'Auteur du Roman *de la Nature* fait

---

(*b*) Les Mémoires des Académies font mention d'un épi de bled qui germa dans l'estomac d'une femme; & du rein droit d'un homme, qui se trouva sous le scalpel d'un Anatomiste, renfermant un grand nombre de champignons. — *Voyez dans le Volume précédent le Roman Philosophique de Zoroastre.*

entendre que les stalactites ne sont que des développemens monstrueux des élémens de pierres (*a*), comme s'il pouvoit y avoir quelque chose d'irrégulier dans la combinaison de l'eau & des germes lapidifiques ; comme si la Nature violoit plus ses loix éternelles en formant un cylindre diaphane d'un fluide & d'un rocher, qu'en créant à part le fluide & le rocher !

De même, quoi qu'en disent les Botanistes, une plante n'est point monstrueuse, parce que le froid lui fait perdre sa corolle, parce qu'une greffe particuliere applatit sa tige, & que ses feuilles se tuméfient par la piquûre des Ichneumons.

(*b*) Considérations Philosophiques sur la gradation des Formes de l'Etre, pag. 200.

En 1675, Perrault montra à l'Académie une poire de rousselet, qui en enfantoit une autre par la tête (*a*); & quatre ans après, on fit voir à Paris une seule tige de rosier qui portoit trois roses, graduellement élevées l'une sur l'autre (*b*). Voilà des phénomènes, sans doute; mais ce ne sont pas des monstruosités. La Nature en plaçant une matrice sur la tête d'une poire, & dans le calice d'une rose, a pu donner un nouveau développement à ses loix primitives; mais sûrement elle ne les a point interverties.

(*a*) Journal des Sçavants, Année 1675. — Ce fait n'est pas si merveilleux que celui d'une fille du seizième siècle, qui naquit grosse d'un autre enfant. — *Voyez* Bartholin, Hist. 100. Cent. 6.

(*b*) Journal des Sçavants, Année 1672.

Si nous remontons l'échelle, nous trouverons parmi les animaux des êtres auſſi ſinguliers, mais non pas des monſtres.

D'abord, le mulet qui n'eſt ni âne ni cheval, quoi qu'il participe de la nature de ces quadrupèdes, n'eſt point un monſtre ; car dans certains climats ce métis ſe perpétue : les Naturaliſtes attribuent la propagation aux mulets de Cappadoce : il y a dans la Tartarie des mulets de race (*a*); & toute l'Italie ſçait qu'en 1703, une mule engendra un poulain au milieu de Palerme, & le nourrit de ſon lait (*b*). Or s'il naiſſoit quelque production organique

---

(*a*) Œuvres de Leibnitz : Nouveaux Eſſais ſur l'entendement humain, pag. 276.

(*a*) Mémoires de Trévoux, Octobre 1703, pag. 82.

où l'ordre de la Nature fût essentiellement interverti, il lui seroit impossible de se propager.

Il suit encore de mes principes sur les êtres humains singulièrement organisés, qu'on ne peut mettre au rang des monstres, ni le chien de Quimper-Corentin, qui avoit les pieds de la taupe & la trompe des insectes (*a*), ni le basset de Berlin, qui avoit une tête de coq-d'inde (*b*), ni le poulet de Bretagne, que sa mere tua parce qu'elle lui vit quatre pattes & quatre ailes (*c*), ni enfin

---

(*a*) Journal des Sçavants, Année 1663. — Ce quadrupède vécut trois jours.

(*b*) Recherches sur la force de l'Imagination, dans les Mémoires de l'Académie de Berlin, Tome XII. Année 1756.

(*c*) *Voyez* le Journal des Sçavants du 23 Juin 1681. — M. de Réaumur vit un

ce fameux lièvre d'un Electeur d'Hanovre, né avec deux têtes, quatre oreilles & huit pieds; comme si la Nature avoit pris plaisir de coller l'un sur l'autre, dos à dos, deux de ces quadrupèdes; & qui, dit-on, se trouvant fatigué de courir d'un côté se tournoit de l'autre & couroit sur de nouveaux frais, afin de mettre aux abois la meute & les chasseurs (*a*).

Le grand principe des partisans des

---

jour un Poulet à quatre jambes dans un œuf couvé pendant dix-neuf jours. — Mém. sur les Insectes, Tom. 2. pag. 42. — Ce poulet de M. de Réaumur ne devoit être qu'un demi-monstre, comparé à celui de Bretagne.

(*a*) Ce fait plus plaisant que vraisemblable se trouve consigné dans les Ephémérides d'Allemagne.

monſtres eſt, qu'il ne peut rien y avoir de régulier dans la réunion de deux êtres qui paroiſſent éloignés dans l'échelle ; que l'ordre ſe trouve dans la génération d'un homme, d'un chien & d'un coq-d'inde ; mais non dans celle d'un homme à muſeau de chien, & d'un chien à tête de coq-d'inde.

Je demande à ces grands partiſans de l'ordre (qui cependant admettent des monſtres), s'ils connoiſſent parfaitement la grande échelle des êtres, & s'ils l'ont parcourue du haut en bas, depuis Dieu juſqu'à l'atôme ?

De plus, qui leur a dit que deux êtres de l'échelle ſont ſéparés par des limites éternelles ? n'eſt-il pas plus vraiſemblable que les élémens, de ce qu'on nomme les trois règnes, ſont fondus plus ou moins dans tous les individus de l'échelle ? La Physique a découvert dans les plantes presque tous les attributs de l'animalité ; & les fossiles mêmes sont sensibles, s'il en faut croire Pythagore & la raison (*a*).

Enfin, pourquoi la Nature qui a fait l'échelle, ne rapprocheroit-elle pas les échelons ? les différentes combinaisons des élémens de l'animalité ne rendent elles pas possible la variété infinie des formes des animaux ? Pour moi, je ne suis pas plus étonné de voir une tête de brochet sur un col de linotte, que de trouver le Bébé du Roi de Pologne près d'un

───────────────

(*a*) *Voyez* Philosophie de la Nature, Tom. II. pag. 463. & les Remarques que l'aventure de Pythagore a fait naître. pag. 527.

Patagon, & le Maréchal de Saxe à côté d'un nègre blanc.

Il n'y a donc point de monstres dans l'ordre physique, mais il y en a beaucoup dans l'ordre moral : puissent ces derniers être effacés aussi aisément de la race des hommes, que les premiers pourroient l'être de notre Physique & de nos Grammaires !

Digression sur le mélange des espèces.

La Philosophie, la Morale & la Nature m'entraînent malgré moi : j'entreprens de jetter quelques idées sur une question qui a échappé à la curiosité inquiete de Zénon, de Pline & d'Aristote ; & c'est parce qu'elle est parfaitement neuve, que je dois m'attendre à quelqu'indulgence.

Heureux si dans une matiere aussi délicate, ma plume circonspecte à l'exemple de la Nature, travaille sans cesse derriere un rideau ; & si je parle toujours, non à l'imagination des femmes, mais à l'esprit des Philosophes !

I.

Remontons d'abord à un principe devenu la base de la Physique de cet Ouvrage ; c'est qu'il ne faut attacher aucun sens au mot *espèce*. Il désigne moins un être réel, que la foiblesse de la mémoire de ceux qui en font usage : les Naturalistes sont contraints de l'admettre dans leurs brochures, mais il n'a jamais été écrit dans le grand Livre de la Nature.

Rappellons-nous encore un autre principe, sur lequel je me suis déja arrêté : c'est qu'il n'y a point de dégénération réelle dans les productions de la Nature : les êtres se développent & se métamorphosent ; mais ils ne se dégradent point comme notre entendement & nos ouvrages.

II.

Il est probable que si le spectacle des êtres est aujourd'hui si varié, c'est que chaque anneau de la grande chaîne tend sans cesse à se rapprocher de celui qui est au-dessus de lui : ce mélange d'êtres qui semblent hétérogènes donne naissance à de nouvelles machines organisées, & la chaîne multiplie ses anneaux.

Cette tendance est une espèce de gravitation, qui a ses loix comme celle des Astronomes ; & si quelque Physicien avoit l'art de les calculer ; il deviendroit le Newton de l'Ontologie.

D'abord de toutes les hypothèses que l'oisiveté philosophique a créés sur la génération, celle qui fait du feu élémentaire, le principe des êtres, est sans contredit la plus conforme à la Physique & à la raison; & s'il étoit possible de répondre à cette objection terrible : *Comment tout ayant été primitivement homogène, tout est maintenant hétérogène* ; je la mettrois au rang des axiômes, & non dans la classe des hypothèses.

Quoiqu'il en soit, la raison nous dit que tout fut originairement homogène, & nos sens nous apprennent que rien ne l'est aujourd'hui ; mais ce n'est que par la voie du mélange que les corps ont pu passer de l'homogénéïté à l'hétérogénéïté apparente qui nous fait illusion : ainsi la gravitation des différents degrés de la grande échelle des êtres, est une des loix primitives de la Nature.

III.

III.

Les Anciens ont dit & les Modernes ont répété que des principes secondaires, tels que la terre & l'eau étoient essentiellement inaltérables. Je ne reconnois point dans cette assertion les principes de la saine Physique. Voici quelques faits qui annoncent la nécessité du mêlange, & la possibilité de la métamorphose.

Le Chymiste Rouelle avouoit qu'après avoir distillé jusqu'à vingt fois l'eau la plus pure, il trouvoit toujours de la terre au fond de la cucurbite.

Ce n'est que par la chûte lente de l'onde la plus pure que se forment ces stalactites que la Nature forme en cubes, en prismes & en colonnes.

Ce n'est que par un fluide qui les

humecte que les fossiles s'accroissent, que les végétaux s'élèvent, & que les machines animales se développent.

L'Astronomie fournit encore une nouvelle base à ce système : quand on met en parallèle les observations des Chaldéens, celles que l'Arabe Albategne fit au neuvième siècle dans la Mésopotamie, & les calculs modernes sur les éclipses, on ne peut s'empêcher de regarder comme une vérité de fait l'accélération du moyen mouvement de la lune, comparé avec celui de notre globe. Or cette accélération ne peut avoir d'autre principe que l'augmentation de la masse de la terre, soit que l'eau se métamorphose, soit comme le dit Newton (a), que les

---

(a) Voyez *Princip. Mathemat. ad finem*

vapeurs des queues des comètes en se condensant sur la surface de notre globe, se changent en sels, en pierres, en pyrites & en coraux; tout n'est donc sur le théâtre magique de la Nature qu'un cercle éternel de mélanges, de développements & de métamorphoses.

Toutes les pièces de la grande machine gravitent même si fort entre elles, on leur decouvre tant de tendance à s'assimiler, qu'au lieu de comparer la Nature à une chaîne, je devrois plutôt en faire un filet à réseau, dont tous les fils se commu-

---

Libri secundi. — C'étoit aussi le sentiment de Wallerius. *Voyez* son Hydrologie, pag. 9. &c. — Les Physiciens se sont récriés, & ont appellé Newton hérétique ; ce qui étoit plus aisé que de lui répondre.

niquent : tissu merveilleux que le torrent des siècles ne fait qu'affermir, & qui embrasse l'univers !

IV.

Il est difficile de donner des lumières sur le mélange des fossiles; parce que la génération de ces êtres qui calculent par des siècles leur existence, est un mystère impénétrable pour l'homme qui naquit hier, qui étudie aujourd'hui & qui mourra demain.

Cependant on connoit les merveilles que la Chymie opère par le moyen de ses amalgames. On sçait que le bismuth rend les métaux fusibles; que l'étain quelque ductile qu'il soit les rend fragiles & sonores, & que le régule d'arsénic les volatilise; l'incendie de Corinthe produisit un métal qui auroit avili l'or, si la main des hommes avoit pu l'imiter; & à combien d'êtres nouveaux ne donneroient pas naissance les miroirs ardens entre les mains des Buffon & des Archimède ! le feu solaire concentré dans le foyer de ces machines, est supérieur, sans doute, aux torches des Conquérants & aux creusets des Chymistes.

V.

La Nature se joue si fort de l'imagination stérile qui circonscrit son pouvoir générateur, qu'on la voit quelquefois du mêlange des trois régnes faire éclorre un être simple qui conserve des traces de sa triple origine. Tous les Physiciens qui ont lu le Comte Marsigli, Donati & Ellis (*a*), sçavent que les corallines

---

(*a*) Le Comte Marsigli, que ses malheurs & l'Institut de Bologne ont rendu célèbre, prouva dans son *Histoire Physique de la Mer*, que les corallines sont des végétaux fossiles; mais il se trompa en prenant les polypes de la tige pour des fleurs octopétales.

Donati dans son *Essai sur l'Histoire Naturelle de la mer Adriatique*, rectifie Marsigli & rétablit l'animalité des corallines.

Enfin Ellis, dans son *Histoire Naturelle*

tiennent aux foffiles par la concrétion lapidifique qui les fixe sur les

---

des Corallines, confirme par des faits ce qui fembloit jufqu'à lui n'avoir été qu'une heureufe théorie : il vit fur la tige de ces productions marines des globules diaphanes, amoncelés les uns fur les autres, qui fe relevant fubitement fe métamorphoférent chacun en végétaux, munis de branches & de véficules en forme de poires : chaque véficule logeoit fon polype, & le Naturalifte les vit s'étendre, pour chercher leur proie, auffi loin que leur tige pouvoit le leur permettre : au bout d'une minute tous les infectes fe plièrent l'un fur l'autre, & reprirent la forme des globules en monceau ; ce jeu alternatif d'expanfion & de contraction fe répèta plufieurs fois : Ellis, dont ce fpectacle fit travailler l'imagination, trouvoit dans ces tiges de corallines des armées de polypes rangées en bataille, & faifant des évolutions avec autant de juftefse que la phalange Macédonienne faifoit les fiennes aux premiers fignaux d'Alexandre.

rochers, aux végétaux par leurs branches & leurs bouquets, & aux animaux par le polype qui est l'architecte de l'édifice, & qui ne pouvant s'en détacher meurt sur son ouvrage.

❖ VI. ❖

Moins les Machines organiques sont composées & plus elles se prêtent au mélange des espèces : la greffe parmi les arbres suffit pour produire des métis ; c'est ainsi qu'on voit quelquefois un amandier produire à la fois des pêches, des amandes & des prunes : nos jardins, si nous le voulions, offriroient bien d'autres merveilles de ce genre ; & je m'étonne que le luxe ne fasse pas avec l'argent du riche, ce que feroit l'amour des Arts avec la main du Philosophe.

Sans m'arrêter aux effets de l'industrie des Botanistes, la Nature seule, en unissant des végétaux de diverses formes, se plaît de tems en tems à faire naître des métis, qui contribuent à rendre plus compliquée la nomenclature de l'art des Juſſieu & des Tournefort ; Von-Linné a prouvé que le *Datiſca* a eu pour pere le chanvre, & pour mere le reſeda ; & qu'une plante nouvelle qu'on vit à Upſal, étoit née d'une pimprenelle, fécondée par la pouſſiere de l'aigremoine (*a*).

(*a*) *Voyez* ſa Diſſertation *de Plantis hybridis* & ſes *Aménités Académiques*. — Un Anonyme qui n'eſt pas de l'avis de ce Deſcartes de la Botanique s'exprime ainſi : » Le mélange des ſemences de différents » végétaux produit ſouvent dans ce règne » comme dans le règne animal des monſ- » tres qui ne produiſent jamais leurs ſem- » blables, mais que l'on voit dégénérer » en peu de tems au point de n'être plus » rien de déterminé.... Les eſpèces parti- » culieres ont reçu au moment de la créa- » tion la vertu de ſe perpétuer ſans alté- » ration juſqu'à la fin du monde, & ja-

Le sçavant Adanson, dans une Préface qui vaut un Traité complet de Botanique, part de ce principe

---

» mais on ne les voit dégénérer dans leur
» terre natale. « *Differt. fur le Sexe des Végétaux dans les Mélanges d'Hift. Naturelle,* Tom 3, pag. 461.

Voilà bien des affertions: je vais les mettre en regard avec mes doutes.

Y a-t-il un règne animal & un règne végétal ? & qu'eft-ce que tous ces royaumes divers que nous mettons fur la carte Géographique de la Nature ?

Qu'eft-ce qu'un monftre, & y en a-t-il d'autres que dans notre entendement ?

Où a-t on trouvé que les métis parmi les végétaux ne produifent pas ? le *Datifca* ne fe trouve-t-il que dans les livres de Von-Linné & de Tournefort ?

Qu'eft-ce qu'une *dégénération* qui dégrade une plante *au point de n'être plus rien de déterminé* ? Dès qu'un être exifte, il a une figure déterminée ; quant à fa conferva-

pour proposer aux Naturalistes de féconder des plantes d'un sexe & d'une classe différente (*a*) ; qu'on

---

tion, elle dépend de la qualité des sucs qui l'ont engendré, du terroir où il se développe, & du soleil qui le féconde & non de sa figure.

Qu'est-ce que des *espèces* de végétaux ?

Il s'agit bien de la *création* quand on fait un Traité de Physique.

Qu'entend l'Anonime par sa fin du monde ?

Où a-t-il trouvé que les êtres ne dégénèrent pas dans leur terre natale ? Le vin de Surêne valoit, il y a trois siècles, l'ancien vin de Falerne; & aujourd'hui le vin de Falerne vaut à peine notre vin de Surêne : nos François ne ressemblent en rien aux Gaulois du tems de Jules-César, & les esclaves de Sétine & de Misithra ne sont sûrement ni des Athéniens, ni des Spartiates.

(*a*) Préface du Traité des Familles des Plantes, Tom. I, pag. cxij.

unisse, par exemple, le chanvre & le houblon, qu'on multiplie l'ortie par le mûrier, le saule par le peuplier & le ricin par le tithymale, & l'on verra par la voye de ces mêlanges tout ce que l'Art peut obtenir de la Nature.

VII.

Plus on remonte les degrés de la grande échelle, moins il y a de simplicité dans le méchanifme des êtres, & moins ils fe fécondent par le mélange : cependant il y en a un grand nombre qui fe propagent par des voies extraordinaires ; par exemple, les oifeaux chez qui l'amour eft le premier des befoins, & qui jouiffent moins pour être heureux que pour vivre, fe mêlent affez volontiers avec les efpèces qui les avoifinent : tout le monde connoît les bâtards que fait naître l'union de la ferine & du chardonneret ; & ces bâtards plus féconds que ne le font ordinairement ceux des quadrupèdes, produifent d'autres individus qui perpétuent leur efpèce intermédiaire (a); même

---

(a) *Voyez* Sprengel dans les Confidér.

dans les volieres où l'oiseau dégénéré, ne doit contracter que le caractère pusillanime & la foiblesse physique de l'esclavage, un instinct aveugle le porte à des jouissances qui semblent illégitimes : le tarin s'unit à la serine, & le faisan avec nos poules de basse-cour.

---

sur les Corps organisés. Tom. 2, pag. 251; &c. — Le coq s'unit aussi, dit-on, avec la canne, & le pied de coq qui survient alors aux cannetons trahit leur origine.

❖ VIII. ❖

Les Annales de la Physique déposent en faveur du système du mélange des faits bien plus merveilleux encore ; il s'agit de l'union des oiseaux avec les quadrupèdes : tout le monde connoît l'Histoire des Amours d'une poule & d'un lapin, que Réaumur a rendue célèbre : l'union fut stérile ; il n'en est pas de même de la chienne d'Eller qui ayant abusé d'un coq-d'Inde, fit un métis qui avoit la tête de son pere (*a*) ; & de

---

(*a*) Un Physicien a vu à Berlin ce métis extraordinaire, & il en donne la description, dans le Tome XII. des Mémoires de l'Académie de Prusse : le bon-homme à qui appartenoient les trois bêtes, attribuoit ce phénomène à l'imagination de la mere, qui avoit altéré l'organisation du fœtus : mal

l'épagneule de Plancoët en Bretagne, qui violée par un perroquet, produisit un chien ayant un bec recourbé & deux pattes (*a*).

---

heureusement depuis que l'Anatomie a jetté quelque jour dans les mystères de la génération, il est démontré que les nerfs d'une mere n'ont point de liaison avec ceux de l'enfant, & que leurs vaisseaux sanguins n'adoptent pas la même circulation; ainsi toutes les rêveries sur l'activité de l'imagination des meres, ne sont plus bonnes à être soutenues que par les nourrices, & les enthousiastes de Mallebranche.

(*a*) » Mon pere (écrivoit en 1757 M.
» Marechal) a chez lui un perroquet & une
» petite chienne: celle-ci a fait une pre-
» miere portée assez belle: pour la seconde
» fois, elle a fait un chien d'une confor-
» mation singuliere: cet animal n'a que
» deux pattes qui sont celles de derriere, &
» qui paroissent rondes & membraneuses: la
» tête platte, la lèvre fendue en bec-de-

Sans recourir à des faits extraordinaires, est-il contraire à la saine Physique & à la raison, de supposer qu'une chauvesouris, qui fait la nuance entre les oiseaux & les quadrupèdes, a dû originairement être le métis d'un oiseau & d'un quadrupède (*a*)? Il en est de même du

---

» lièvre, le nez recourbé & de la consis-
» tance d'un bec de perroquet.... la mâ-
» choire inférieure est aussi exactement faite
» comme celle de l'oiseau.... ce chien est
» mort, je l'ai ouvert, & à l'exception de
» l'organe générateur qui lui manquoit,
» il étoit pour le reste du corps conformé
» à l'ordinaire. « *Journal de Médecine*, Mars 1757, pag. 231.

(*a*) La Chauvesouris tient des quadrupèdes par le poil qui la couvre, par ses viscères intérieurs & par ses oreilles; elle tient des oiseaux par sa crête, par ses ailes & par la force de ses muscles pectoraux,

vampire Américain, qui n'eſt pas; au reſte, l'eſprit antropophage du crédule Dom Calmet (a); & de tous

---

M. de Buffon, qui a tant fait uſage de ſa belle imagination dans ſon Hiſtoire Naturelle, ne donne pas la moindre conjecture ſur l'origine primitive des oiſeaux quadrupèdes; & l'Ecrivain qui a deviné comment un globe pouvoit être produit par la queue d'une comète, ne dit pas un mot ſur la génération des chauveſouris.

(*a*) Le vampire du Nouveau-Monde eſt un quadrupède aîlé qui ſuce le ſang des hommes & des animaux qui dorment, ſans les éveiller. *Voyage de la Riviere des Amazones*, par M. de la Condamine, pag. 171.

Pour le vampire de Dom Calmet, c'eſt un mort qui ſort la nuit de ſon cimetiere, va ſucer le ſang des vivants, & s'engraiſſe ainſi au dépens de ces malheureux qu'il fait tomber en conſomption : l'Hiſtoire des Vampires a été imprimée pluſieurs fois dans le ſiècle de la Philoſophie; le Bénédictin

ces quadrupèdes volans désignés par l'imagination poëtique des Anciens, sous le nom de Harpyes, & qui ressemblent aux monstres du lac Stymphale, par leurs aîles, par leurs griffes & par leur voracité.

qui s'est fait leur Historiographe prétend qu'on ne put faire cesser ce fléau dans l'orient de l'Allemagne, qu'en arrachant le cœur à tous ces esprits antropophages, & en les brûlant en cérémonie comme les Juifs des Autodafés.

IX.

Je ne vois encore que le systême du mêlange qui rende raison de l'origine des poissons volans, sorte d'amphibie à qui le même cartilage sert d'aîles & de nâgeoires, & qui traverse alternativement le fluide le plus subtil, & l'élément le plus grossier, sans que ce passage rapide, qui nous feroit mourir, dérange en rien le méchanisme de ses organes (a).

―――――

(a) Ces sortes de métis qui font la nuance entre les poissons & les oiseaux sont si peu rares qu'on les rencontre jusques dans la classe des insectes. le Commandeur Godeheu a vu au microscope un espèce de paon de mer, qui avoit des plumes couleur de roses. *Mém. préfentés à l'Académie Royale des Sciences*, Tom. IV, pag. 175. — Comment la génération primitive de tous ces

Ces sortes d'unions extraordinaires, telle que celles d'un condor & d'une lamproye exigent une vigueur singuliere de tempérament ; il est tout simple que la Nature ne s'y prête que dans ces climats brûlants où l'activité des feux du soleil multiplie les principes de la vie dans les organes générateurs; aussi ne voit-on de poissons volans que dans les mers embrâsées de la Zône Torride.

---

métis & amphibies, n'a-t-elle encore frappé personne ? Quelle carriere brillante pour la plume des Trembley, des Bonnet, des Lyonnet & des Réaumur.

X.

Le fyftême du mélange acquiert encore de nouvelles forces quand on remonte des oifeaux aux quadrupèdes.

D'abord il n'y a rien de fi commun que les unions dans les mêmes familles d'animaux, entre la tige principale & les branches collatérales : l'âne produit avec la jument, le cheval avec l'âneffe & le zebre avec la jument (*a*) : envain objecte-

---

(*a*) « Il eft probable, dit M. de Buffon, que fi l'on venoit à bout d'apprivoifer le zebre, & de rendre fouple fa nature fauvage & recalcitrante, il produiroit avec le cheval & l'âne. » *Hift. Natur.* édit. in-4. vers la page 355. — Ce fait qu'il ne juge que probable, eft réellement arrivé ; Voyez Pline, *Hift. Natur. Lib.* 8. *Cap.* 44.

t-on que les métis qui en résultent sont des mulets stériles : si ces alliances étoient contre-nature, la Nature ne s'y prêteroit en aucune sorte ; & d'un accouplement odieux il ne naîtroit pas même un mulet.

De plus, qui est-ce qui a dit à la tourbe des Philosophistes que le mulet étoit essentiellement stérile ? l'Anatomie n'a découvert aucun vice radical dans l'appareil de ses organes générateurs ; il produit dans les climats chauds, & on en trouve une foule d'exemples dans les Annales Physiques de l'Antiquité (*a*) : les

___

(*a*) *On a vu*, dit Aristote, *un mulet féconder une jument & engendrer un métis..... D'un autre côté, une mule est devenue pleine ; mais le poulain n'a point vu le jour, la mere ayant avorté.* Hist. Anim. Lib. VI. cap. 24.

Naturalistes connoissent la race des mulets féconds de l'ancienne Syrie *(a)*, & les Czigithais des Tartares *(b)*. Toute l'Europe a sçu qu'en 1703 une mule à Palerme devint féconde, & nourrit son pou-

---

Nos fastes, dit Pline, *font mention de plusieurs mules qui ont produit des poulains, & nos peres mettoient ces évènements au rang des prodiges.* Histor. Natur. Lib. VIII. Cap. 44.

(*a*) *En Syrie*, dit Aristote, *dans les terres qui sont au-delà de celles des Phéniciens, les mulets s'accouplent, se fécondent & leurs poulains forment une race particuliere.* Hist. Anim. Lib. VI. Cap. 24.

(*b*) Le Czigithai ou le mulet fécond de Daurie, se trouve dans les Forêts de Tartarie jusqu'au cinquante-deuxième degré; il n'est ni le zebre, ni le cheval, ni l'âne. Voyez *Hist. Natur.* de M. de Buffon, petite édit. complette, Tom. 29. pag. 188.

lain (*a*) : il faut ou cesser d'accuser la Nature d'une stérilité qui dégraderoit sa puissance, ou anéantir tous les faits historiques, & brûler tous les Mémoires des Académies.

Le cheval, dans la grande échelle, est moins éloigné de l'ânesse que le bouc ne l'est de la brebis, & le bélier de la chèvre : cependant l'accouplement de ces derniers quadrupèdes n'est stérile ni par lui-même, ni par leur postérité (*b*).

Dans le siècle dernier, on donna au Cardinal Scipion Borghèse le métis d'une jument & d'un taureau, qui

―――――

(*a*) *Voyez* Journal de Trév. Octobre 1703, pag. 82.

(*b*) *Voyez* les Commentaires du Baron de Haller, sur les Institutions de Boerhaave, Tom. IV. pag. 245. & sa grande Physiologie, Tom. VIII. pag. 100.

avoit le corps de fa mere & la tête de fon pere; il vécut trente ans, & Rome entière eut la liberté d'admirer ce phénomène (*a*). Wieler, de fon côté, a prétendu que la biche unie au cheval produifoit un cheval-cerf; & accouplée avec le taureau, faifoit naître ce beau métis fi célèbre dans l'antiquité fous le nom du Bucéphale d'Alexandre (*b*).

(*a*) Il fe nommoit Hyppantor, au rapport de Venette, *Tableau de l'Amour Conjugal*, dern. édit. Tom. 2. pag. 315. Ce même Ecrivain ajoute que de pareils métis ne font pas rares en Auvergne. — Le Docteur Venette n'a pas en Hiftoire Naturelle l'autorité d'un Von-Linné, d'un Haller & d'un Adanfon; mais je le cite moins pour appuyer mon fyftême, que pour faire douter de celui de mes adverfaires.

(*b*) *Voyez* Lettre du Docteur Hebenftreit au Comte de Brulh, dans le *Journal Encyclopédique* du mois de Mars 1763.

✤ XI. ✤

Un prodige bien plus furprenant feroit celui d'une brebis, qui couverte par un lion donneroit le jour à un lionceau ; cependant Elien raconte ce fait d'une brebis qui appartenoit à Nicias, Tiran de Cos, & il fait entendre que c'étoit une tradition conſtante parmi les Inſulaires (*a*); mais malgré cette double autorité, je ne regarde cette hiſtoire que comme un apologue de quelque Rhéteur Grec contre le deſpotiſme : d'abord un lion libre ne féconde pas une brebis, mais il la mange ; de plus, il y a trop peu de rapport entre les organes générateurs des deux individus, pour que l'accouplement réuſ-

---

(*a*) *Hiſtor. diverſ. Lib. I. Cap.* 29.

fiſſe; enfin quand même, contre toute vraiſemblance, la brebis deviendroit pleine, elle produiroit un métis & non un lionceau.

Cependant ne nous hâtons pas de prononcer que l'antipathie entre deux animaux dépoſe eſſentiellement contre leur accouplement. Locke a vu, (& qui oſera taxer Locke de crédulité ou d'impoſture) Locke, dis-je, a vu un quadrupède iſſu d'une chatte & d'un rat, qui portoit ſur toute ſa perſonne l'empreinte du mêlange (*a*). La taille de ces animaux

---

(*a*) Eſſai ſur l'Entendement Humain, Tom. 3. Chap. 6. pag. 171. — Voici les termes de ce Philoſophe : *J'ai vu un animal engendré d'un chat & d'un rat, & qui avoit des marques viſibles de ces deux bêtes, en quoi il paroiſſoit que la Nature n'avoit ſuivi le modèle d'aucune de ces deux eſpèces en*

n'est pas disproportionnée comme celle de la brebis comparée au lion ; on voit tous les jours des rats aussi gros, & plus méchants qu'une petite chatte : il faut supposer aussi que le pere & la mere du métis de Locke étoient renfermés dans la même cage ; on sçait que Lemery ayant jetté

---

particulier, mais les avoit confondues ensemble. — Un *j'ai vu* de Locke, vaut bien les *on dit* de tous les adversaires du mélange.

Au reste ce fait, tout extraordinaire qu'il paroît, est confirmé par le Physicien Boyle ; de son tems un gros rat s'accoupla, à Londres, avec une chatte, & il vint de ce commerce des métis qui tenoient du pere & de la mere, & que le Roi d'Angleterre éleva par curiosité dans sa Ménagerie. — *Voyez* la petite édit. des Mémoires de l'Académie de Prusse, Tom. 7. *Appendix de l'Editeur sur la Génération*, Art. VII.

un chat & plusieurs souris dans une trappe, celles-ci tremblerent d'abord, ensuite s'enhardirent au point d'agacer leur ennemi qui songeant à sa liberté, se contenta de les reprimer légèrement à coups de patte : or des agaceries du badinage, il n'y a qu'un pas à celles de l'amour.

❧ XII. ❧

De tous les quadrupèdes j'obferve qu'il n'y en a point qui ait plus cherché à étendre les branches collatérales de fa famille que le chien, & peut-être faudroit-il l'attribuer au libertinage plutôt qu'à l'inftinct du befoin : il eft le plus domeftique de tous les animaux & dans cet état de dégénération, il femble avoir copié de fes maîtres leur efprit fouple, leur caractère pufillanime & leur fatiété pour les plaifirs de la Nature.

En 1768, une chèvre de la Champagne fut couverte par un chien, & mit au monde un chevreau qui avoit la tête, la queue & les oreilles d'un chien courant (a) ; d'un chien &

_____

(a) Son cri étoit tantôt celui d'un che-

d'une chatte étoit né auparavant, en Italie, un chien qui avoit les griffes, les dents & le poil de sa mere (*a*); la chienne accouplée avec le renard avoit produit un autre métis (*b*); & une louve couverte par un chien, avoit mis bas un quadrupède bâtard qui tenoit du chien & du louveteau (*c*). Je pourrois ras-

---

vreau & tantôt celui d'un petit chien; la mere de ce métis refusa long-tems de l'allaiter; mais enfin elle s'accoutuma à sa vue, & le nourrit le tems accoutumé. Ces détails ont été constatés à Joinville par un procès-verbal en règle. *Voyez* la Gazette de France du 6 Mai 1768.

(*a*) Voyez *Verati*, *Galeria di Minerva*, Tom. VII. pag. 67. — Le Naturaliste prétend avoir été témoin oculaire.

(*b*) Cardan. *Subtil.* pag. 304.

(*c*) Cette expérience est de M. de Ligniville. *Voyez* Encyclopédie, Tom. XVI.

sembler une foule d'autres faits de ce genre ; mais pour les Lecteurs sans préjugé qui marchent toujours le bâton du doute méthodique à la main, en voilà assez pour les mettre sur la voie de la vérité : quant aux hommes à système qui m'ont condamné avant de me lire, je n'en ai que trop dit.

---

pag. 531. — Elle avoit déja été faite par un autre Naturaliste. Voyez Faber *Strychnomania*, Édit. in-4. de 1677. pag. 79.

XIII.

Si on a bien fuivi la chaîne des faits & des raifonnements qui ont fait l'objet de ce Chapitre, on fe convaincra que tous les individus de la grande collection des êtres gravitent fans ceffe les uns vers les autres, & que ce n'eft que par la voie du mélange que la Nature peut exercer fon pouvoir générateur.

Pourquoi donc les Naturaliftes ou les hommes riches qui ont l'orgueil de les protéger, ne cherchent-ils pas à imiter en petit dans l'ombre de leur cabinet, les mélanges que la Nature opère fur la fcène de l'univers?

L'homme oifif & fuperbe s'eft dit de tout tems le roi du globe qu'il habite : ce feroit à l'homme laborieux & modefte à mériter ce titre, en étendant les branches collatérales de la famille des animaux, & en créant de nouveaux sujets à son empire.

Le Botaniste peut faire de nouveaux arbres (a); il peut à force d'étudier les lithophites & les coraux,

―――――――――――――

(a) Jusqu'ici on n'a tenté que la greffe des arbres, & encore n'a-t-on fait sur cet objet qu'un petit nombre d'expériences : pourquoi ne tenteroit-on pas la greffe des plantes? Je sçais que la délicatesse de ces productions végétales a pu arrêter la main des Botanistes ; mais parce qu'une greffe est difficile, elle n'est pas impossible ; ayons des instruments, & que ce soit, non de stupides Jardiniers, mais des hommes tels que les Jussieu & les Lyonnet qui en fassent usage, & tous les obstacles s'applaniront : qui auroit dit avant la découverte du prisme, que Newton réussiroit à faire l'anatomie des rayons de la lumiere?

créer de nouveaux anneaux à la chaîne qui lie les végétaux & les fossiles.

Les Rois qui par une oftentation meurtriere font venir à grands frais des animaux de l'Inde & de l Afrique, pour les voir périr avant le tems dans leurs Ménageries, feroient mieux à mon gré de penfionner des Indiens & des Nègres pour mêlanger leurs animaux indigènes avec les nôtres : ces épreuves qui demandent un fang brûlant & des organes vigoureux, ne peuvent guères réuffir que dans les climats embrâfés des tropiques ; il feroit bien avantageux pour l'Hiftoire Naturelle, & peut-être pour le bonheur des hommes, de chercher fi le puma du Nouveau-Monde féconderoit la giraffe, & fi le taureau de notre Europe produiroit avec la lionne du Biledulgerid : de ces races croifées, il pourroit naître des métis plus vigoureux que leurs peres, & moins destructeurs que leurs meres ; & qui sçait si le puma-giraffe & le taureau-lion ne pourroient pas se croiser dans la suite avec les quadrupèdes de notre continent pour former d'autres métis qui serviroient aux travaux des laboureurs & aux plaisirs des Rois ?

Les Amateurs ont trouvé le moyen de nuancer de mille couleurs des fleurs qui originairement n'en avoient qu'une. Je ne sçais pas pourquoi on ne tenteroit pas aussi sur les animaux des expériences qui pourroient les fortifier ou les embellir : un Philosophe qui créeroit de nouveaux quadrupèdes, seroit pour le moins aussi utile qu'un Florimane qui colore à son gré des tulipes.

Mais en général pour réussir dans ces mélanges, il faut que l'argent du riche coopère avec le génie de l'Artiste : ordinairement le riche ne sçait pas opérer, & l'Artiste ne le peut pas; ce qui circonscrit la sphère des découvertes.

XIV.

Me voilà insensiblement arrivé à la question la plus curieuse de l'Histoire Naturelle, & à celle dont les Naturalistes se sont le moins occupés ; mais je marche entre deux abîmes, & le Philosophe, dans une matiere aussi délicate, me pardonnera de donner encore plus à la décence qu'à la vérité.

Je prie d'abord de ne considérer ce que je vais dire que comme un recueil de faits : je commence par être Historien, mais je ne tarderai pas à appeller la morale au secours de la physique ; & après avoir peint la Nature, je quitterai mes crayons pour tonner contre les jouissances qui l'outragent.

L'homme de mer, comme nous l'avons vu dans cet ouvrage, à la plus parfaite analogie avec le bipède raisonnant qui écrit pour & contre son existence ; son union avec nos femmes est donc possible ; aussi Rimber rapporte que la famille des Marini a eu pour tige une Espagnole & un Triton. (a).

Après l'homme-poisson, le bipède qui a avec nous le plus de conformité est sans doute l'Orang-Outang ; or tout les Voyageurs s'accordent à dire que cet habitant des bois recherche nos femmes avec autant d'ardeur que sa femelle ; il viole les négresses, & c'est sans doute sur ce canevas que l'ancienne Mythologie a brodé l'histoire du libertinage des Faunes, des Satyres & des Ægipans.

―――――――――

(a) Journal des Sçavans, Année 1672.

Locke, qui d'ailleurs a tant douté, ne doutoit pas qu'une femme ne pût être fécondée par un singe ordinaire (*a*). Nous avons vu, en 1757, une fille qui vécut cinq ans, & qui avoit la tête, les pieds, l'inſtinct & les mœurs d'une guenon (*b*) ; la mere attribuoit ce phénomène à l'attention avec laquelle elle avoit toujours regardé un singe qui lui tenoit compagnie ; mais, comme on l'inſinua dans le tems, il eſt probable

―――――――――――――――

(*a*) Eſſai ſur l'Entendement Humain, édit. in-12. Tom. 3. Liv. 3. Chap. 6.

(*b*) Ce métis, diſent les Papiers publics, ne parla jamais, mais avoit le cri de la guenon ; on voyoit cet enfant ne marcher librement qu'à quatre pattes, & ſuivre aveuglement l'inſtinct qui le portoit à imiter. — *Voyez* Journal de Médecine du mois de Mai 1757.

que cette femme ne s'étoit pas toujours contentée de le regarder.

On ne peut guères s'arrêter sur l'histoire de l'enfant-veau & de l'enfant-loup, que le Médecin Dufieu vit à Lyon, en 1757 & en 1759 (*a*) ; parce qu'on n'a fait aucune recherche sur la vie des deux meres : seroit-

---

(*a*) Le premier fut baptisé dans la Paroisse de Saint-Nizier en 1759 ; il tenoit du veau par la partie supérieure du visage, par une peau velue qui commençant vers la premiere vertèbre lombaire, venoit le long du dos & de la tête se terminer à la face, & par ses mains fissipèdes : ce métis ne vécut qu'un jour. — *Voyez* Physiologie de Dufieu, Tom. I. pag. 228.

L'autre fut vu par les Médecins en 1757 : il avoit sur un corps d'homme une tête de loup. — Ibid. pag. 229. — Cet évènement singulier rend vraisemblable la fable de Lycaon.

il possible que l'une couchant dans une étable eût été surprise en dormant par un taureau, & que l'autre égarée dans les bois eût été violée par un loup ? L'hypothèse qui ne suppose aucun mêlange est absurde, mais toutes les autres sont affreuses.

Montagne, sur la foi de Plutarque, parle d'un dragon amoureux d'une Grecque, d'une oye d'Asope passionnée pour un enfant, & d'un bélier qui étoit le sigisbe de la musicienne Glaucia (*a*) : toute l'Antiquité a retenti des amours d'un éléphant pour une jeune bouquetiere d'Alexandrie ; ce quadrupède étoit le rival du grammarien Aristophane, il accabloit sa maitresse de soins &

(*a*) Essais de Montagne, petite édition in-12. Liv. 2, Chap. XII. pag. 269.

de prévenances ; & peu fait pour l'amour platonique, dès qu'il se voyoit sans témoin, il promenoit délicatement sa trompe sur son sein (*a*). Mais puisque l'Histoire ne fait dans aucune de ces circonstances mention de métis, il est plus que probable que l'amour de tous ces animaux se borna aux soins & aux regards; peut-être même qu'alors le microscope de la prévention fit voir des mouvements passionnés, où il n'y avoit qu'une sorte de reconnoissance machinale : il y a des Indiennes qui ont l'art d'apprivoiser les couleuvres au point qu'elles se jouent &

―――――

(*a*) Plutarque, Œuvres Morales, Tom. II. de l'édit. in-fol. de Vascosan, *Tract. de solertiâ Animalium*, Cap. 16. —— Cet anecdote a échappé à M. de Buffon dans son Histoire de l'Eléphant.

dorment sur leur sein ; or on ne soupçonne pas un commerce amoureux entre une Baniane & un serpent à sonnettes.

Il y auroit un peu plus de vraisemblance dans l'union monstrueuse d'un homme & d'une jument ; ce mêlange seul put produire le fameux Hyppocentaure qu'on amena d'Egypte à Rome, & dont Pline fait mention (*a*) : je soupçonne aussi quelque possibilité dans le métis de l'homme & de la chèvre, dont parle Elien (*b*) ; & peut-être même dans l'Histoire célèbre du Minotaure de Pasiphaë.

Sous le pontificat du Pape Pie III. une Italienne qui aimoit éperdue-

---

(*a*) *Histor. Natur. Lib. VII.*
(*b*) *Histor. Anim. Lib. VI.*

ment un levrier, donna le jour, en Toscane, à un quadrupède humain qui avoit les oreilles & les quatre pattes d'un chien (*a*). J'ai lu dans je ne fçais quel recueil d'anecdotes, que l'Inquifition fit brûler la mere, & baptifer l'enfant.

Ma plume eft fatiguée de rapporter des faits qui atteftent la dépravation de la race humaine ou du moins fon opprobre ; & je me hâte de quitter le manteau philofophique de Diogène, pour reprendre la plume des Zénon & des Marc-Aurèle.

(*a*) C'eft Volaterran qui eft le garant de cette anecdote. *Voyez* le Tableau de l'Amour conjugal de Venette, derniere édit. Tom. 2. pag. 316.

X V.

XV.

Voici un principe qui répand le plus grand jour sur la physique & sur la morale dans la grande question du mélange des espèces.

La Nature fait graviter les êtres avec plus de force vers la partie supérieure que vers la partie inférieure de l'échelle ; ainsi en tendant au mélange, ils ne tendent qu'à leur perfection.

Il est certain que les fossiles se perfectionnent en devenant corallines.

Les corallines gagneroient si la végétation de leur base étoit aussi achevée que celle de leurs tiges.

Si les organes générateurs de la sensitive avoient quelque rapport avec ceux d'un insecte tel que le polype, sa postérité ne se détérioreroit point en faifant un pas vers l'animalité.

Le poiffon volant eft très-inférieur à l'aigle ou au condor ; mais il eft bien fupérieur aux crabbes & aux requins.

Malgré le préjugé pufillanime qui fuppofe qu'un oifeau de nuit eft de mauvais augure, je ne crois pas qu'un rat foit fupérieur à une chauve-fouris.

Un Orang-Outang en s'alliant même à une Négreffe, acquiert pour fa poftérité des droits plus étendus à l'intelligence.

Enfin, s'il étoit poffible qu'un éléphant, un cheval ou un taureau puffent féconder une femme ; ce ne feroit point à eux que le Philofophe devroit imputer l'odieux de ces mêlanges : la femme feroit couverte d'opprobre, mais les animaux feroient fans crime.

J'espère que le fanatisme qui empoisonne tout, ne trouvera rien de dangereux dans ces conséquences : les quadrupèdes ne lisent pas nos Livres ; & on ne doit pas craindre qu'un cercopithéque ou un taureau viennent insulter nos jolies femmes dans leurs boudoirs.

XVI.

Enfin, la forêt sauvage est traversée, & l'horison que je découvre m'apprend que je suis avec des hommes.

Les Législateurs ont établi des limites entre les jouissances qu'indique la Nature, & celles qui l'outragent ; ils ont soumis à l'opprobre ou à la mort l'homme dépravé, qui blasé sur les embrassements des Lucrèce & des Aspasie, oseroit se prostituer à des quadrupèdes.

Les Législateurs ont raison ; le crime qu'ils punissent est un attentat contre la race humaine entiere ; & le coupable plus odieux que Timon, parce qu'il méprise les hommes que le misanthrope se contentoit de détester, doit en périssant s'attendre à voir flétrir à jamais son nom & sa mémoire.

Mais si le globe étoit habité par des intelligences supérieures à nous, il faudroit sans altérer nos mœurs changer nos loix.

Il ne s'agit pas ici de faire violer les Houris de Mahomet par des hommes ; toute violence est un attentat ; mais en amour, c'est à la fois un attentat & une absurdité ; parce que les plaisirs qu'on y donne, n'ont de prix que par ceux qu'on reçoit en échange.

Je dis seulement que si ces Houris s'abbaissoient jusqu'à s'allier avec nous, les Souverains, l'estime publique & la loi devroient encourager de pareils mélanges.

Il avoit sans doute entrevu quelques anneaux de cette chaîne d'idées, ce Philosophe Grec, qui interrogé sur notre origine, répondit que des intelligences supérieures s'étant unies, il avoit réfulté du mêlange ce beau monftre qu'on appelle l'homme ; que l'homme fe proftituant à des êtres inférieurs, avoit formé la race des nègres ; & que le nègre croifant fa race avec celle des quadrupèdes, avoit donné le jour aux magots.

Du moins ces idées fur l'origine de l'homme ne le dégradent point ; le Philofophe nous fait defcendre d'intelligences fupérieures, & mérite d'en être.

Mais que penfer des nations qui prennent pour leurs tiges des quadrupèdes : comment les Indiens du royaume de Pégu fe vantent-t-ils d'être iffus d'une Chinoife & d'un chien ? c'eft à une pareille populace qu'il faut envoyer la botte defpotique de Charles XII. pour la gouverner.

S'il étoit possible qu'un peuple dégradé, tel que l'Albinos, provînt d'un mêlange aussi odieux, il faudroit qu'il prît soin de le cacher à toute la terre ; & que ce monument d'opprobre ignoré des Historiens, fût même un problème pour les Naturalistes.

❖ XVII. ❖

Quant aux peines infligées contre l'ennemi des plaisirs purs & chastes de la Nature, elles dépendent beaucoup du caractère de la nation que gouverne le Législateur; sans cela la loi qui protège les mœurs, peut être aussi dangereuse que leur infraction.

Dans une société naissante où personne n'est riche ni oisif, il ne faut aucune loi contre les désordres abominables des Pasiphaë; le Souverain, s'il est sage, ne doit pas supposer dans un peuple neuf des crimes qui ne sont le fruit que de la dépravation réfléchie, & dans cette occasion ignorer les outrages qu'on peut faire à la Nature, c'est assez la défendre.

Dans l'isle de Chio, il n'y avoit point de loi pour assurer la fidélité conjugale, & il se passa sept cents ans sans qu'on y commît un adultère : Rome fondée sur la puissance paternelle, ne supposa pas qu'un citoyen pût abréger les jours de celui à qui il devoit les siens ; & pendant plusieurs siècles la République ne vit pas dans son sein un seul parricide.

Heureuses les nations de l'âge d'or, où l'ignorance du mal tient lieu de la vertu ; qui sont gouvernées par un instinct sage, plutôt que par des loix ; & chez qui les remords punissent bien mieux les crimes, que ce vain appareil de supplices, qui chez les peuples policés attestent encore plus la barbarie des Législateurs que leur équité !

Les chefs de ces Etats tranquilles & fortunés, doivent auſſi long-tems qu'ils le peuvent entretenir une ignorance qui eſt peut-être la meilleure digue contre le torrent de la dépravation ; & ſi malgré le ſilence prudent des loix, le crime abominable d'une femme eſt trahi par la naiſſance d'un Minotaure, il faut punir en ſecret Paſiphaë & brûler enſuite les actes du procès, pour anéantir juſqu'à la trace d'un attentat, qui en éclairant l'imagination des hommes corrompus pourroit les engager à l'imiter.

Il n'en eſt pas de même d'un Etat qui penche vers ſa décadence, & où la machine politique a uſé tous ſes reſſorts ſous le frottement du luxe & du deſpotiſme ; les attentats de ce genre y ſont trop multipliés pour qu'on puisse se flatter de les détruire en épaississant le voile qui les environne; on ne trouveroit dans le silence affecté de la loi que sa foiblesse ou l'espoir de l'impunité.

Grace à l'élément dévorant du luxe dans lequel nous habitons, aux ouvrages licencieux que l'Imprimerie multiplie, & à l'éducation Sybarite qu'on donne à la jeunesse, on sçait maintenant à vingt-cinq ans tout le mal que les hommes jusqu'ici ont inventé; & on s'encourage à chercher des crimes nouveaux, comme Xerxès encourageoit ses sujets à créer de nouveaux plaisirs.

Voilà pourquoi les Philosophes, qui aiment les hommes & les mœurs, tonnent aujourd'hui contre des vices dont, il y a trois siècles, ils auroient rougi de prononcer le nom:

voilà pourquoi le sage Tissot a écrit sur l'Onanisme: voilà enfin le but de mon ouvrage & son apologie.

❖ XVIII. ❖

O Pudeur ! sentiment pur & sublime que je tiens de la Nature ; que ton éloge étoit bien écrit dans mon cœur, avant de se présenter sous ma plume ! Mais pourquoi faut-il que je te loue ? Quelle Divinité du mal a assez altéré nos mœurs pour que je te mette au rang des vertus ?

Sans toi, la Déesse des Graces n'est qu'une femme ordinaire : sans toi, Alcibiade ne captive les beautés d'Athènes que pour les outrager.

Tu apprends à la vierge timide à plaire, & à son vainqueur à aimer.

Ta douce magie prolonge l'extase des jouissances : elle fait pressentir le plaisir avant qu'il naisse ; & elle en conferve la fenfation, lors même qu'il n'eft plus.

Tu apprends au fage à eftimer la beauté qui eft dans fes bras, & à s'eftimer foi-même au moment que le délire de fes fens femble anéantir la chaîne de fes devoirs.

Néron a dit que tu n'exiftois pas. Que ce mot fort bien des entrailles cadavéreufes de l'affaffin de Poppée & d'Agrippine ! Quel éloge, ô Pudeur, qu'un blafphême contre toi forti de la bouche du plus fcélérat des defpotes !

Oui, tu exiftes; & fi on lit à ma Palmyre (a) ce Chapitre *du Mélange*, elle ne l'entendra pas.

―――――――――――――

(a) *Voyez* l'Epître Dédicatoire du premier Volume de la Philofophie de la Nature.

Et quand cette beauté à deminue se trouvera enlassée dans mes bras brûlants d'amour, je ne ferai point disparoître la nuit qui couvre nos plaisirs : Palmyre m'est trop chere, pour qu'elle s'apperçoive que je la fais rougir.

Et quand elle deviendra mere, sa pudeur survivra à sa virginité : je me trompe, son cœur est chaste & elle sera toujours vierge.

Et nos enfants seront élevés dans ces principes heureux : non qu'on leur apprenne à fuir des vices qu'ils doivent ignorer ; on ne prononcera pas même devant eux le nom de la pudeur, mais ils suivront sans le sçavoir l'exemple de Palmyre & l'instinct de la Nature.

O Pudeur ! depuis l'aurore qui éclaira le premier âge du monde, tu as fait le bonheur des êtres intelligents, & tu le feras encore jusqu'au dernier crépuscule qui luira sur ses ruines. Que t'importent les blasphêmes des scélérats qui t'anéantissent pour avoir le droit de t'outrager ? continue à faire briller ta douce lumiere dans les cœurs sensibles & honnêtes, & tu es assez vangée.

Fin du Tome V.

TABLE
DES CHAPITRES
ET
DES ARTICLES
Contenus dans ce Volume.

SUITE DU LIVRE III.

Chap. II. *Remarques* générales sur le Corps Humain, Page 1

Chap. III. *De la Beauté*, 19
Art. I. *Du Coloris*, 25
Art. II. *Des Formes*, 31
Art. III. *De l'Expreſſion*, 36
Art. IV. *D'un double chef-d'œuvre de la Nature*, 43
Chap. IV. *Paradoxe d'un Ancien, qui n'admettoit dans les Animaux qu'un ſexe*, 58
Chap. V. *De l'Hermaphrodiſme*, 85
Art. I. *De l'exiſtence des Hermaphrodites*, 87
Art. II. *Des diverſes claſſes d'Hermaphrodites*, 95
Art. III. *De l'intolérance des Légiſlateurs à l'égard des Hermaphrodites*, 103

ART. IV. *Code de morale pour les Hermaphrodites*, 112
Histoire de Tirésias, 127

CHAP. VI. *De la dégradation de l'espèce humaine*, 135

ART. I. *De l'espèce de dégradation, qui est l'ouvrage de la Nature*, 138

Des Nègres, 141
Des Albinos, 171
Des Géants, 184
Des Nains, 219
D'un paradoxe sur l'enfance des peuples du Nouveau-Monde, 231
De l'Homme Marin, 252
De l'Homme des Bois, ou de l'Orang-Outang, 267

Si la Nature fait des Monstres, 292

Digression sur le mélange des espèces, 333

I. *Principes,* 334

II. *Nouvelle branche du systéme de la gravitation,* 335

III. *Si les principes secondaires sont inaltérables,* 337

IV. *Du mélange des fossiles,* 341

V. *De l'amalgame des trois règnes,* 343

VI. *Du mélange des végétaux,* 346

VII. *Des métis des oiseaux,* 352

VIII. *De l'union des oiseaux aux quadrupèdes,* 353

IX. *Des poissons volans,* 358

X. *Du mélange des quadrupèdes,* 360

XI. *Si l'antipathie des quadrupèdes dépose contre leur accouplement,* 365

XII. *Du chien par rapport au système du mélange,* 369

XIII. *Projet pour l'avancement de l'Histoire Naturelle,* 372

XIV. *Histoire du mélange par rapport à l'Homme,* 377

XV. *Loi physique & morale sur la question du mélange,* 385

XVI. *Application à l'espèce humaine,* 388

XVII. *Loix sociales contre le mélange*, 392
XVIII. *Hymne à la Pudeur*, 397

Fin de la Table des Chapitres.

www.ingramcontent.com/pod-product-compliance
Lightning Source LLC
Chambersburg PA
CBHW052136230426
43671CB00009B/1263